W0040101

/Stb

Suzan H. Wiegel

Ho'oponopono

Fliegen kannst du nur gegen den Wind

Originalausgabe
© 2012 Schirner Verlag, Darmstadt
Alle Rechte vorbehalten

ISBN 978-3-8434-3022-7

2. Auflage Juli 2012

Umschlaggestaltung: Murat Karaçay, Schirner
unter Verwendung von # 28413111
(Marianne Mayer), www.fotolia.de
Redaktion & Satz: Claudia Simon, Schirner
Printed by: OURDASdruckt!, Celle, Germany

www.schirner.com

Inhalt

Für meine Kinder.
Die Liebe, die uns verbindet,
ist das Beste in meinem Leben.

Vorwort

Wer glaubt, etwas zu sein,
hat aufgehört,
etwas zu werden.

*W*as nützt die beste Wahrheit, wenn wir sie nicht kennen?

Vor über zwanzig Jahren lebten mir die weisen Naturheiler Hawaiis vor, welche Kräfte tatsächlich in uns Menschen stecken und wie leicht sie zu lenken, wie erfolgreich sie zu nutzen sind. Ich gab dieses geniale Wissen nur zu gerne an meine Patienten weiter, die diese praktikablen Weisheiten besonders deshalb zu schätzen wussten, weil sie auch tatsächlich sofort wirkten.

Dann bekam ich selbst die Gelegenheit, noch tiefer zu verstehen. Wie aus dem Nichts wurde ich plötzlich sehr krank, wurde operiert und fand mich, eigentlich aufgegeben, als hoffnungslosen Fall wieder.
Zunächst spürte ich eine tiefe Niedergeschlagenheit. Meine innere Stimme meinte jedoch, genau diese Situation sei die beste Gelegenheit, mir selbst zu beweisen, welche Fähigkeiten in mir stecken. Und so begann ich langsam, zu Beginn sehr langsam, mich von ihr animieren, dann leiten zu lassen und mit ihr zu arbeiten, indem ich die Weisheiten des Ho'oponopono fortlaufend anwandte. Sie besagen, dass die menschliche Absicht die Gesetze der Dualität so stark beeinflusst, sie so stark verändern kann, dass wir in der Lage sind, uns eine Realität zu erschaffen, in der wir uns wieder vollkommen wohlfühlen.

So erschuf ich zunächst den gedanklichen, später den emotionalen Rahmen dafür, wieder vollkommen gesund und zufrieden zu werden, obwohl alles dagegen zu sprechen schien. In meiner Vorstellung tanzte ich wieder wie ein junger Hüpfer durch das Leben, und so fühlte ich mich auch. Dabei hörte ich immer deutlicher die Stimme meines alten Freundes, der mir eingeschärft hatte: »Lass die Sonne nicht untergehen ohne ein Ho'oponopono. Dein Denken ist folgenreich. Was du denkst markiert auch immer die Grenze dessen, was du erreichen kannst. Lass deshalb immer Frühling in deinem Herzen sein.«

Inzwischen bin ich so glücklich wie nie zuvor. Ich habe unendlich viel verstanden und weiß nun aus eigener Erfahrung, dass wir tatsächlich und auf allen Ebenen Schöpfer unserer Wirklichkeiten sind. Wenn wir die Grundregeln verstehen und konsequent anwenden, kann gelingen, was der Verstand nicht zu denken wagt.

Dieses uralte Wissen hat mir damals geholfen, mich selbst zu erneuern und mich wieder mit dem großen Ganzen vollkommen harmonisch und in neuer Freiheit verbunden zu wissen. Vielleicht kann es dir ebenfalls dienen.

Wenn es dir gerade nicht so gut geht, du möglicherweise in große oder kleine Probleme verstrickt bist und vielleicht keine Idee hast, wie du dich aus diesen Verstrickungen lösen kannst, dann erlaube dir trotz allem unbedingt den Gedanken: »Ich bin nicht allein.« Du bist es tatsächlich nicht.

Als mich der alte Weise damals unterwies, wiederholte er abschließend, stets lächelnd, immer den gleichen Satz: »Glaub mir kein Wort, verwirf auch nichts, mach es einfach mal, dann wirst du wissen!«
Von diesem Wissen möchte ich erzählen. Und vielleicht geht es dir wie mir damals. Ich hatte bis dahin nur eine sehr vage Ahnung, wozu mein Geist und meine Seele tatsächlich imstande sind.

Einleitung

Weißt du, warum Engel fliegen können?
Sie vertrauen sich selbst vollkommen
und wissen sich immer direkt mit der
Quelle allen Seins verbunden.

*W*arum schaffen wir uns eigentlich immer wieder Probleme?

Nun, aus der Sicht der alten Weisen allein deshalb, weil wir die Realität nicht richtig verstehen, das große Ganze nicht sehen. Zu diesem großen Ganzen gehören Antworten auf die Fragen, wer wir in Wirklichkeit sind, wozu wir gehören und warum wir eigentlich hier sind – in diesem Leben, auf dieser Erde, zu dieser Zeit. Welche Informationen, welches Potenzial tragen wir in uns, und wie setzen wir es frei? Welche universellen Werte wie Warmherzigkeit, Mitgefühl, Toleranz, Achtsamkeit, Respekt und Wertschätzung haben welchen Stellenwert in unserem Leben?

Vielleicht hilft dir das Buch dabei, die Veränderungen, die du in deinem Leben realisieren willst, leichter und erfolgreicher zu verwirklichen. Vielleicht dient es dir auch als alltäglicher, praktischer Impulsgeber bei Herausforderungen oder Veränderungen aller Art. Vielleicht dient es einfach nur der Erweiterung deiner Wahrnehmung oder der Optimierung deines Selbstwertes. Es ist jedoch vor allem ein medizinisches Buch im ältesten, ursprünglichsten Sinn. Es kann, wenn du willst, deine Ganzheit, dein Wohlbehagen, die Harmonie in deinem Leben und deine Lebensqualität fördern oder auch wiederherstellen, ja, sie vielleicht sogar noch ausbauen.

Bei den alten Völkern wurde der Begriff »Medizin« als die Kraft zu heilen verstanden. Jeder Medizinmann und jede Medizinfrau sahen eine hohe Ehre darin, den Mitmenschen dabei zu assistieren, mit sich selbst wieder vollkommen ins Reine zu kommen, jederzeit voller Zuversicht, Gelassenheit und in unerschütterlichem Selbstvertrauen zu leben – energiegeladen, harmonisch, zufrieden und dankbar im Denken wie im Fühlen. Denn alle echten Heiler wissen, dass niemals sie selbst es sind, die heilen, sondern die Kraft, die größer ist als wir alle, die aber jedem Einzelnen innewohnt, uns alle durchströmt und miteinander verbindet.

Ihre heilende Tätigkeit besteht vor allem darin, den »Patienten« niemals als krank, sondern als vollkommen ganz und vollendet heil zu sehen. Sie übertragen diese Wahrnehmung so lange und so intensiv auf den anderen Menschen, bis er es selbst wieder fühlen und glauben kann.

Die Absicht des Heilers liegt weniger darin, dauerhaft zu heilen, als vielmehr darin, die inneren Kräfte im anderen so intensiv und nachhaltig anzuregen und in Schwung zu bringen, bis der »Patient« zu seinem eigenen Heiler werden kann, sich seiner eigenen, vollen Schöpferkraft bewusst wird.

Bereits C. G. Jung sprach vom »ganzen Menschen« und meinte damit denjenigen, der neben seiner persönlichen Kraft auch die seiner Seele mit in sein Leben zu integrieren gelernt hat. In diesem Sinne ist Heilung ursprünglich auch verstanden worden.

Ich möchte dir von dieser bewährten, uralten Sichtweise deshalb berichten, weil sich diese absolut mühelos nachvollziehen lässt und du sie leicht für dich übernehmen kannst. Denn jeder Mensch ist auch immer sein eigener Heiler. Es gibt auch nichts zu lernen oder zu behalten. Du wirst dich sofort erinnern und alles richtig machen, weil das Potenzial in uns allen bereits angelegt ist, eben nur noch schlummert.

Dieses Potenzial wachzuküssen, anzuregen, zu neuem Leben zu erwecken und gezielt einzusetzen, erfüllt uns auch deshalb mit natürlichem Wohlbehagen, weil wir allein aus uns selbst heraus ein neues, großartiges Ergebnis manifestieren. Wir fühlen uns dann wie neu geboren. Und das trifft den Kern.

Die moderne Ausdrucksweise dafür klingt zwar anders, meint jedoch das Gleiche: Wir richten unser Quantenfeld neu aus. Tun wir das, fühlen wir uns im eigenen Leben wieder richtig wohl und wissen, dass wir alles schaffen können. Das stellt eine neue Form von unbegrenzter Freiheit dar.

Was bedeutet eigentlich Freiheit? Aus meiner Sicht ist Freiheit das Befreitsein von allen negativen, begrenzenden, wertenden Gedanken und

Gefühlen. Freiheit ist die absolute Weite, das plötzliche, gefühlte Erkennen der eigenen grenzenlosen Möglichkeiten. Freiheit ist die Entscheidung, dieses enorme Potenzial zum eigenen und zum Wohle aller einzusetzen, es voller Vertrauen und Zuversicht, voller Freude immer öfter zu nutzen.

Um dieses Buch wirklich genießen zu können, ist es gut, es als Freund zu betrachten. Es will nicht nur deinen Verstand ansprechen, sondern auch deine Gedanken, deine Gefühle und vor allem deinen schöpferischen Geist.

Lass dich auf das Buch ein. Lache, weine, erlaube dir wagemutige Sprünge in neue Möglichkeiten oder warte noch ein Weilchen damit. Lass Aha-Erlebnisse zu, und gewinne neue Erkenntnisse. Mache dir ein neues, größeres Bild von deinem Leben, von dem, was du unbedingt verwirklichen willst.

Vielleicht baust du eine innere Verbindung auf, die dich immer weiter nach vorn zieht, hinein in einen unerschütterlichen, inneren Frieden, der deinem Innersten wirklich und tatsächlich entspricht.

Setze die in dir schlummernden Kräfte frei, das, was dich wirklich ausmacht. Genieße es täglich mehr, einfach nur du selbst zu sein. Dann erkennst du auch immer deutlicher, wie viel Spaß Veränderungen bereiten, wenn die Kraft dafür in

dir sprudelt. Du bist ein mächtiges Wesen, auch dann, wenn es dir noch gar nicht bewusst sein sollte.

Hältst du es für wünschenswert, ja, sogar für durchaus möglich, wirklich machtvoll zu sein, so öffnet sich ein neuer Raum, den du freudig überrascht in dir wahrnimmst. Und plötzlich beginnst du, dir viel mehr zuzutrauen. Du entscheidest aus einem Gefühl innerer Sicherheit heraus, einfach mal zu wagen, was zuvor äußerst fraglich, vielleicht sogar unmöglich schien. Denn du hast jetzt zumindest wieder eine Idee, wo dein ganz persönliches »Kraftwerk« zu finden ist, das dich jederzeit mit grenzenloser Energie versorgen kann. Du vertraust dir selbst einfach wieder und damit auch den unendlichen Kräften, die dir immer und mit absoluter Sicherheit zur Verfügung stehen.

Die Vorfreude darauf, die eigenen, noch unerforschten Kräfte aufzuspüren und auszuloten, öffnet das Herz und lässt dich immer empfangsbereiter sein. Wofür? Für Spontanität, Lebensfreude ... und für Wunder.

Wunder geschehen immer nur dann, wenn du im Herzen dafür offen bist und diese Wunder tatsächlich empfangen willst.

Das Wissen der alten Völker stimmt mit den aktuellen wissenschaftlichen Ergebnissen über-

ein: Durch unsere Wahrnehmung, unsere Beobachtung erschaffen wir immer selbst unsere Wirklichkeit – jede Situation, einfach alles. Beobachtung und Schöpfung sind nicht etwa zwei Vorgänge, sondern ein und dasselbe.

So gesehen, arbeiten unsere Gedanken und Gefühle (die während jeder Beobachtung ablaufen) für uns, und es scheint überaus sinnvoll, sie bewusst und gezielt zu wählen, die »Spielregeln« genau zu kennen, alle Möglichkeiten auszuschöpfen. Denn wir sind tatsächlich mächtige Wesen. Natürlich kann solch ein mächtiges Wesen sein eigenes Glück auch verhindern. Vielleicht hast du diese Erfahrung bereits gemacht.

Aber das lässt sich jederzeit ändern. Rufe dir beim Lesen wieder in Erinnerung, wie du deine Zufriedenheit in jedem Moment ausbauen kannst, um ein überaus wichtiges Lebensziel dauerhaft zu erreichen: grundsätzlich und in erster Linie einfach nur gelassen, möglichst gesund und zufrieden zu sein; und niemals mehr weniger als das.

Dann sind alle Herausforderungen, die das Leben für dich bereithält, eher kleine Hügelchen auf deinem Lebensweg, die sich, mit der nötigen Ausdauer, ohne Mühe überwinden lassen.

*Beobachtung und Schöpfung
sind ein und dasselbe.*

gelassen, gesund, zufrieden

Kapitel 1

Wir wollen alle mehr vom Leben.
Die alten Weisen kennen einen Weg.

Aloha~
Teile die Schwingung des Liebe
mit mir

20

Aloha – Anerkennung und Wertschätzung als geistige Währung

*U*nser Denken gleicht einer zeitlosen, geistigen Währung. Unglaublich, aber wahr: Es gibt eine Währung, die niemals einer Inflation unterliegt, die immer mehr an Wert gewinnt, die für jeden Menschen Sinn ergibt, die zeitlos und unzerstörbar ist: die Wertschätzung. Gemeint ist die Erkenntnis, wer wir in Wahrheit sind und welch gigantisches Potenzial wir tatsächlich mit jedem Gedanken in Bewegung setzen.

»Aloha« – diesen Gruß kennst du bestimmt. Er hat sich inzwischen über die ganze Welt verbreitet, weil er leicht und fröhlich klingt, Freude auslöst und ein Lächeln herbeizaubert. Seine ursprüngliche Bedeutung ist aber nicht »Guten Tag«, »Grüß Gott« oder »Hallo«, sondern dieser Gruß meint »Teile die Schwingung der Liebe mit mir!« (gemeint ist ehrliche Wertschätzung).

Seit Jahrtausenden folgen die Naturvölker der Südsee einer sehr überzeugenden Weisheit, die Folgendes besagt:
Lassen wir doch bei unserer Begegnung das äußere Erscheinungsbild einmal beiseite, urteilen und bewerten wir einander nicht. Es spielt keine Rolle, welche Titel du führst, wie viel Geld

du verdienst oder zu welcher gesellschaftlichen Schicht du dich zählst. Es ist nicht wichtig, wie alt du bist oder welches Auto du fährst. Die äußeren Merkmale deiner Person würden uns sofort unterscheiden und uns trennen, den Fluss unserer gemeinsamen Energie ins Stocken bringen. Diese Unterschiede würden dafür sorgen, dass wir uns gründlich missverstehen. Denn ich will nicht deiner Hülle begegnen, sondern dir. Wer bist du? Welche Werte sind dir wichtig? Welche Werte repräsentierst du? Was glaubst du? Was liebst du? Was fühlst du? Was willst du fühlen? Was willst du in diesem Leben tun? Wofür stehst du in deinem Leben ein? Wer willst du sein?

Schauen wir uns einfach nur in die Augen und öffnen unser Herz für das echte Wesen, das im Inneren wohnt. Begegnen wir uns dort, wo unsere offene, anerkennende Wahrnehmung beginnt. Laden wir unsere höhere Wahrnehmung ein, diese Sichtweise, die nur Sieger kennt.

Wir beide sind gleichermaßen wertvolle Geschöpfe, und keiner von uns hat sich selbst geschaffen. Jeder von uns ist aus dem gleichen Stoff geformt. Jeder von uns ist eine einzigartige Seele, ist reiner Geist, den wir auch »den Unaussprechlichen«, »den Hyperraum«, »das Quantenmeer« oder »Gott« nennen können. So, wie du bist, ist niemand sonst. Und du bist genau so, wie du gedacht bist.

Wie spannend ist es daher doch, das Besondere im anderen zu finden. Welchen besonderen Reichtum, welche Einzigartigkeit hast du denn mit auf diese Erde gebracht? Was ist es, das du der Erde und uns allen schenken willst? Warum bist du hier? Was hast du im Gepäck? Willst du es mir zeigen? Mich daran teilhaben lassen? Wenn du dich mir zeigst, dann bin ich reicher, als ich es zuvor war. Wenn ich dir meinen inneren Reichtum zeige, dann ergeht es dir ebenso. Wir sind beide beschenkt, beide glücklich und fühlen vor allem unsere Gemeinsamkeiten.

Betrachten wir uns in ehrlicher Wertschätzung und in Anerkennung unseres einzigartigen Potenzials auch dann, wenn es dem Verstand vielleicht noch schwerfällt. Wenn man sich klein, unterlegen oder abhängig fühlt, dann entsprechen diese Gefühle nicht der inneren Wahrheit.

Wir sind alle geistige Wesen und als solche überaus machtvoll und mit gigantischer schöpferischer Kraft ausgestattet. Begegnen wir einander deshalb grundsätzlich auf gleicher Augenhöhe. Wir sind gleichermaßen wertvoll, gleichermaßen reich. Unsere Gedanken beeinflussen auch immer das, was wir zurückerhalten.

Wo wir zuvor vielleicht schon ein Urteil gebildet hätten, lassen wir jetzt zunächst unsere Wertschätzung fließen, indem wir den Wert des anderen unvoreingenommen anerkennen. Denn wertvoll ist jeder Einzelne von uns.

In unseren Herzen wissen wir, dass ein offener, harmonischer Bewusstseinszustand alle Schwierigkeiten beseitigt und dass wir mit einem einzigen, kraftvollen Gedanken uns selbst und unsere Wirklichkeit verändern können. Mithilfe des Herzens gelingt uns ganzheitliches Verstehen, das zu Zufriedenheit und Harmonie führt.

Wenn wir den anderen als vollkommen ebenbürtig betrachten, fühlen wir uns in uns selbst wohl, heilen uns selbst und gleichzeitig die anderen. Wenn wir einander auf diese Weise betrachten, öffnet sich ein freier Raum, der den Nächsten wortlos einlädt, einfach nur er selbst zu sein. Wenn wir einander so begegnen, dann ehren wir uns gegenseitig, helfen und unterstützen uns, bauen einander auf. Dann wird uns Liebe verbinden, denn Liebe ist einfach nur ein anerkennender, wertfreier Blick, die Entscheidung, Wertschätzung zu verschenken. Wenn wir einander so begegnen, ist jeder in sich vollkommen. Wenn wir es uns täglich gegenseitig bestätigen, dann ist es die Wahrheit. Dann gibt es keine Zweifel mehr, keinen Mangel und auch keinen Anlass, irgendetwas beweisen zu müssen. Alle verfügen über die gleiche Macht, und diese Macht nennt sich Liebe.

In einem solchen Miteinander existiert kein Streit, kein Kampf und keine Auseinandersetzung. Es gibt weder Opfer noch Täter, kein Armutsbewusstsein und keine Angst. Niemand glaubt, sich beweisen zu müssen. Keiner muss den anderen übertrumpfen. Die Angst stirbt einfach. Ein jeder ist genau so anerkannt und wird gewürdigt, wie er jetzt ist. Alle sind gleichzeitig reich, erkennen ihren mitgebrachten Reichtum. Denn jetzt zählt nicht länger, was wir tun, sondern wie wir es tun. Und alles, was wir tun, geschieht sanft und liebevoll, gelassen und respektvoll.

Aus Freude darüber, endlich wirklich angesehen und anerkannt zu sein, wird der Mensch immer das Beste aus sich herausholen. Es ist pure Freude, so viel Gutes in sich selbst und in den anderen zu finden. Die Wunder nehmen kein Ende, denn das Gute potenziert sich selbst immer und immer wieder.

Endlich darf wieder gelebt werden, was unserer wahren Natur entspricht und was wir so sehr vermisst haben: das Gemeinsame, die Erkenntnis, dass alles eins ist und es immer war. Die Trennung, die Wertung, die Begrenzung mit all ihren Schmerzen kann es nicht mehr geben, wenn wir uns erinnern: Aloha – teile die Schwingung der Liebe mit mir.

Lass uns nie mehr vergessen, dass wir im tiefsten Wesen eins sind. Lass uns niemals wieder vergessen, dass wir uns loben, anerkennen und gegenseitig beschenken wollen. Denn wenn ich dich beschenke, beschenke ich mich und umgekehrt.

Wenn wir uns wieder daran erinnern und das Aloha zur schönsten, alltäglichen Gewohnheit werden lassen, dann fühlen wir Frieden in unseren Herzen und strahlen ihn aus. Auf diese Weise fließt er in die Welt. Das erfüllt uns mit Freude und Glück. Und auch diese Qualitäten fließen in die Welt, weil wir sie im Herzen fühlen und ausstrahlen. Jeder von uns ist in Wahrheit eine Er-Scheinung: Das Ewige im Inneren scheint hell und strahlt nach außen.

Das ist es doch, was wir auf dieser Erde wirklich tun wollen. Dafür haben wir dieses Leben gewollt. Wir wollen das ausdrücken, was wir zutiefst im Inneren sind: einfach nur Liebe, reiner, friedvoller Geist, der in milliardenfacher (menschlicher) Ausführung sichtbar ist und der den milliardenfachen, mitgebrachten Reichtum als Samen auf dieser Erde keimen sehen will.

Wenn wir uns daran erinnern, dann bekommen wir vielleicht den Hauch einer Ahnung von der Wirklichkeit des unendlichen Universums, von diesem Hyperraum, diesem kosmischen Urgrund, den wir auch »den Unaussprechlichen«

oder »Gott« nennen können. Und hoffentlich erfüllt uns dann auch die Ahnung, warum wir wirklich hier sind und was wir unbedingt noch beitragen wollen, damit diese Erde und natürlich auch wir selbst vollkommen heilen können. Das Ziel besteht darin, aus dieser Erde wieder einen Ort zu machen, an dem es reine Freude ist zu leben.

Wir erinnern uns, dass herausragende Erfolge niemals nur aus den Anstrengungen eines Einzelnen resultieren. Sie entstehen immer aus dem Zusammenwirken vieler Menschen, die ein gemeinsames Ziel haben: Frieden auf der Basis gegenseitiger Anerkennung – im Hier und Jetzt.

Dann wird die Erde wieder ein Ort sein, an dem die Himmel für alle offenstehen. Ein Ort, an dem Wertschätzung und Liebe alle Wesen ungehindert durchfluten. Dann sind das Göttliche, das Ewige, das Lichtvolle wieder uneingeschränkt auf der Erde wirksam.

Wir ahnen es: Wir sind das Bodenpersonal, das gerade lernt zu fliegen.

Aloha bedeutet: »Teile die Schwingung der Liebe mit mir!«

Gestalten wir gemeinsam den Übergang in eine neue Zeit!

Die schöpferische Kraft des Quantenfeldes und des Bewusstseins

*B*eschenken wir uns einmal selbst für eine Weile mit der Bereitschaft, unsere Zweifel aufzugeben und für die Entdeckung des eigenen, inneren Raumes vollkommen offen zu sein. Das von der modernen Quantenphysik entdeckte »Nullpunktfeld« ist ein unendlicher Ozean mikroskopisch kleiner Schwingungen, ein Meer virtueller Teilchen im freien Raum, ein unsichtbares Netz, das alles mit allem verbindet, das jedem Punkt im grenzenlosen Universum zugrunde liegt.

Die alten Weisen von Hawaii kennen dieses Netz, dieses Gewebe schon seit Urzeiten und nennen es »den Unaussprechlichen«: die Kraft, die alles durchdringt, alles ist und aus der alles wird.

Der modernen Quantenphysik zufolge leben und atmen wir in einem Meer von Bewegung, in einem unendlichen, wogenden Quantenmeer von Licht. Dieses »Meer der unbegrenzten Möglichkeiten« ist die Quelle aller Felder, aller grundlegenden Energiezustände und aller virtuellen Partikel. Es wird gerne als »Feld der Felder« bezeichnet. Es scheint das Feld der Urenergie zu sein, das Feld der kosmischen Urkraft. Es ist eine Art zeitlose Signatur, ein Spiegelbild oder ein

Echo von allem, was je existierte, der alles durchdringende Geist des großen Ganzen. Durch viele wissenschaftliche Versuche konnte inzwischen bewiesen werden, dass es eine Lebenskraft gibt, die das gesamte Universum, das unendliche Nullpunktfeld, durchströmt: Wir können es »reines Bewusstsein«, »heiliger Geist«, »Gott« oder wie auch immer nennen.

Auf die fundamentalste Ebene reduziert, bestehen alle Lebewesen aus dieser Quantenenergie, die ständig Informationen mit dem Energiemeer um sie herum austauscht. Im Wesentlichen bestehen wir also aus Licht und Information, aus hochenergetischen Photonenteilchen. Menschliche Wesen existieren daher nicht wirklich voneinander getrennt, es scheint nur so. Wir alle sind über unser Bewusstsein miteinander verbunden – ob uns das schon bewusst ist oder nicht.

Aus Sicht der modernen Wissenschaft ist das lebende Bewusstsein der höchstwahrscheinlich wichtigste Bestandteil dieses miteinander verknüpften Universums. Denn es ist mehr als einmal klar bewiesen worden, dass das Bewusstsein des Beobachters die beobachteten Quantenpartikel ins Dasein, also in diese, unsere Realität bringt.

Die Quantenphysiker Nils Bohr und Werner Heisenberg fanden als Erste heraus, dass Atome nicht kleinen Sonnensystemen gleichen, wie zuvor von vielen Forschern angenommen worden war. Es sind vielmehr kleine »Wahrscheinlichkeitswolken«, die nur dann zu Materie »gerinnen«, wenn ein Beobachter oder ein Bewusstsein beteiligt ist. Wenn jedoch bereits das Betrachten eines Elektrons eine Veränderung von dessen Eigenschaften bewirkt, können wir dann wirklich weiterhin glauben, dass wir durch die innere Betrachtung unserer äußeren Welt keine Wirkung erzeugen?

Wir können das Universum als einen einzigen Organismus aus miteinander verbundenen Energiefeldern verstehen. Auf der allerkleinsten Ebene gleicht unsere Welt, gleichen aber auch wir, die Menschen, einem riesigen Netzwerk von Quanteninformationen, dessen einzelne Teilchen pausenlos miteinander verbunden, pausenlos online sind.

Auf dieser Quantenebene sieht unsere Realität aus wie eine noch flüssige Götterspeise, ein Wackelpudding, der gerade erst angerührt wurde, oder wie eine »Quantensuppe«, wie der Physiker Sir John Eccles es formulierte.

Daher ist durchaus alles möglich, denn wir selbst formen mit unseren Gedanken, Gefühlen und Absichten diese Quantensuppe und leiten sie so erst in die materielle Form, die dann wiederum exakt unseren eigenen Gedanken und Gefühlen über uns selbst und unser Leben entspricht. Wir entscheiden also, bewusst oder unbewusst, zu was diese Quantensuppe am Ende gerinnt.

Das bedeutet aber auch, dass wir über unsere Absicht diese Teilchen jederzeit umformen und neu ordnen können. Tun wir das, erschaffen wir neue Wirklichkeiten. Jeder kann das. Und jeder tut es – meist unbewusst. Was wir jetzt hinzufügen, ist das bewusste, wertschätzende Handeln.

Die Welt um uns herum entsteht aus Überzeugungen, Gedanken- und Gefühlsmustern, die wir ständig wiederholen und ausstrahlen. Die Welt ist, wie sie ist, weil wir sie so denken! Folgen wir diesem Gedanken weiter, dann können wir eine wunderbare Wahrheit erkennen: Unser lebendiges Bewusstsein ist immer der Impulsgeber, der die Wahrscheinlichkeit einer bestimmten Sache oder Situation in unsere Wirklichkeit und somit in etwas Reales verwandeln kann. Bewusstsein wirkt auf die Bildung von Materie ein. Wir sind Schöpfer. Großartig! Wir können selbst eine Veränderung bewirken. Wir können unser Leben bewusst so verändern, wie es uns entspricht! Wie toll ist das denn!

Wissenschaftler halten es für höchst wahrscheinlich, dass es das Organisationsprinzip »Bewusstsein« ist, das die Welt im Ganzen lenkt.
Bohr und Heisenberg, die beiden Pioniere der Quantenphysik, entdeckten auch die erstaunliche Fähigkeit der Quanten, sich gegenseitig zu beeinflussen. Sobald einzelne Quanten einmal

miteinander in Kontakt sind, halten sie diesen Kontakt weiterhin aufrecht und das sogar über riesige Entfernungen hinweg.

Es scheint tatsächlich so zu sein, dass wir einen natürlichen, direkten Zugang zur Schöpferkraft haben und über ein inneres Potenzial verfügen, mit dem all unsere Bedürfnisse befriedigt werden können. Es schlummert in uns. Aber weil wir uns unbewusst immer noch vom Schöpfer, vom kosmischen Urgrund, dem großen Ganzen getrennt fühlen, wagen wir es meist nicht, genau das für wahr zu halten und entsprechend, auf unser Inneres vertrauend, zu handeln.

Es fällt uns schwer zu glauben, dass wir in Wahrheit eins sind, es immer waren, immer sein werden und daher auch immer gemeinsam wirken.

Diese Gedanken weiterführend wird klar, dass in unserem eigenen Leben, in unserer Welt sehr viel mehr möglich ist, als wir derzeit zu glauben wagen.

Das Instrument, um unsere Gefühle und Überzeugungen neu auszusteuern, ist unser Bewusstsein. Denn Bewusstsein scheint die Kraft zu sein, aus der heraus das Universum entstanden ist, die Kraft, die es bewegt und durchdringt, es belebt und beseelt – so, wie uns selbst, unsere Zellen, unser ganzes Sein. Diese Erkenntnis lädt dazu ein, unsere gesamten Überzeugungen und

Glaubenssätze zu überprüfen. Wir können sie dahin gehend verändern, dass wir uns bewusst erlauben, mit der Energie, die uns umgibt und erfüllt, wieder Freund zu sein, dass wir wertschätzend mit uns selbst und anderen umgehen. Dabei müssen wir gar nicht genau verstehen, auf welche Weise alles miteinander wirkt. Aber wir können einen direkten Weg finden, um dem alles durchdringenden Bewusstseinsfeld zu vermitteln, dass wir uns von der Idee des Alleingelassenseins, der Angst, des Kämpfens, Siegens oder Verlierens definitiv verabschieden wollen. Mangel- und Armutsbewusstsein könnten dann nicht weiter existieren. Uns würden Steine vom Herzen fallen, Zentnerlasten von den Schultern genommen.

Es liegt also bei uns, ob wir von unserer Erkenntnis- und Entscheidungsfähigkeit aktiv Gebrauch machen wollen. Erweitern wir unsere Vorstellung von Wirklichkeit, erlauben wir uns gedanklich neue Möglichkeiten, dann ermöglichen wir uns selbst wahrhaft gigantische Veränderungen: Wir erfahren uns nicht länger als zweifelnde, gestresste Abhängige, als Spielbälle des Schicksals, sondern als aktive Gestalter des eigenen Lebens. Allerdings lassen sich unsere Überzeugungen nur dann leicht ändern, wenn es einen triftigen Grund dafür gibt und wir es wirklich wollen.

In den uralten Glaubenssystemen der Menschheit finden sich einfache, unumstößliche Wahrheiten, die mit den Erkenntnissen der modernen Quantenphysik übereinstimmen: Wir sind immer und unausweichlich eins mit dem großen Ganzen. Wir denken, sprechen und handeln in seinem Sinne: Wir sehen in jedem Menschen nichts anderes als einen weiteren sichtbar gewordenen Aspekt seiner alles umfassenden Wesenheit. Deshalb nehmen wir immer das Beste in uns und schenken es der Welt. Es ist immer genau das, worauf die Welt schon lange gewartet hat. Jedes Element und jedes Wesen wird in seinem individuellen Wert anerkannt. So wirken alle zum Nutzen aller. Denn alle Zukunft ist jetzt.

Endlich gibt es den wissenschaftlichen Bezugsrahmen für diese uralte Weisheitstradition, und es scheint so zu sein, als könnten sich moderne Wissenschaft und uralte Weisheit wieder verbinden. Wir sind keine isolierten Einzelwesen, und wir waren es auch nie. Wir befanden uns schon immer im Zentrum von allem, was ist, eingebettet in die Kraft, die das Leben selbst ist. Es war uns nur noch nicht bewusst.

Jetzt können wir eine gesunde innere Ordnung in uns selbst wiederherstellen, die Harmonie im eigenen System selbst erzeugen. Wir gehen mit zunehmender Bewusstheit durch unser Leben und handeln mehr und mehr im Einklang mit der gesamten Schöpfung. Dies geschieht alles ohne Anstrengung, leicht und mühelos. Denn die Welt ist immer so, wie sie ist, weil wir sie so denken.

Kapitel 2

Hol dir die Sterne vom Himmel,
denn dazu ist der Himmel da!

Verbinde dich mit deiner Seele

Meine innere Stimme hatte mich unmissverständlich direkt nach Hawaii geschickt. »Geh und such die Kahunas«, meinte sie. »Alle Antworten wirst du dort erhalten!« Als ich es schon aufgegeben hatte, geschah es: Ich stand ihm gegenüber, dem lange gesuchten alten Meister. Er sah mich mit seinen großen, strahlenden, dunkelbraunen Augen an. Als unsere Blicke sich trafen, erfüllte ein bisher nie gekanntes Glücksgefühl mein Herz. Überwältigende Freude lief wellenartig durch meinen Körper, mein Herz jubelte. Endlich, endlich, endlich! Die Knie wurden mir weich. Welch ein Gefühl! Unbeschreiblich. Mit diesem Menschen, den ich noch nie zuvor gesehen hatte, fühlte ich mich plötzlich wie ein einziges Wesen. Kein Hauch von Fremdheit lag zwischen uns. Es gab diesen zeitlosen Moment des vollkommenen Verstehens, des übereinstimmenden Wissens, der gemeinsam gefühlten Harmonie, der perfekten Übereinstimmung. In einem winzigen Moment, als mein Herz zu jubeln begann, waren alle meine Rollen und alle meine Programme von mir abgefallen. Ich war wieder nur ich selbst – grenzenlos und völlig frei.

Er kam die wenigen Schritte auf mich zu, blieb vor mir stehen und meinte freundlich: »Du weißt schon, dass du kein Mensch bist, oder?«

Mein Verstand setzte aus. Was hatte er da gesagt? Ich sei kein Mensch? Was meinte er denn damit? Ich fand keine Antwort, sah ihn nur mit weit aufgerissenen Augen an.

»Du weißt es also nicht?«

Langsam fand ich die Sprache wieder: »Nein. Wenn ich kein Mensch bin, was meinst du, bin ich dann?«

»Oh, ganz einfach. Du bist eine Seele. Du bist ein vollkommener Teil des Unaussprechlichen, des reinsten kosmischen Bewusstseins. Du bist überwiegend Geist, auch wenn es nicht so aussieht.«

»Aha.« Ich verstand zwar die Worte, aber nicht deren Sinn.

Er sah es und fragte weiter: »Was meinst du: Wo in deinem Körper wohnt sie denn, deine Seele? Zeig mir doch mal die Stelle, bitte!«

Was hatte ich gelernt? Wir haben einen Körper, einen Geist und eine Seele. Aber wieso sagte er jetzt, dass ich eine Seele sei? Ich dachte immer, ich habe sie. Was bedeutet es, eine Seele zu sein? Also zeigte ich zögerlich auf den Bereich meines Herzens, sah ihn fragend an und hoffte auf ein zustimmendes Kopfnicken. Aber nur sein sanftes Lächeln ruhte auf mir. Seine Augen strahlten fast noch heller, sein Blick schien mich ermuntern zu wollen.

Der Wohnort meiner Seele in meinem Körper …
wo könnte er noch sein? Ich zeigte zögerlich auf
den Bereich oberhalb meines Kopfes und sah
ihn fragend an. Aber er nickte immer noch nicht,
und ich ließ die Arme sinken. »Wo denn dann?«
Ich war ratlos.

Er schenkte mir sein warmes, unendlich liebevolles Lächeln. Ganz so, wie ein Vater sein Kind in
tiefer Verbundenheit und voller Liebe ansieht.
Sein Lächeln wärmte mich, und die wunderbaren
Glücksgefühle wogten wieder in mir auf und ab.
»Deine Seele wohnt nicht in deinem Körper. Es
ist genau andersherum. Dein Körper wohnt in
deiner Seele.«

Daraufhin herrschte Stille. Und dann spürte ich
sie: um mich herum, groß und weit, ganz sanft,
zart, warm und mich vollkommen beschützend.
Ich war wie eingehüllt in ein feines, unsichtbares
Gewebe – behütet und versorgt mit Frieden, Stille, Sicherheit und Harmonie. Je mehr ich mich darauf einließ, desto klarer konnte ich fühlen, dass
dieses Gewebe, dieses zarte, unsichtbare und
doch so deutlich fühlbare Vlies sich um mich herum ausweitete, sich ins Grenzenlose ausdehnte.
Ich fühlte es in mir und außerhalb von mir. Das
alles war ich. Welch eine Kraft! So sanft, so liebevoll, so heilsam. Das war also meine Seele? So
fühlte es sich an, sie wahrzunehmen?

Alles war plötzlich heil: mein Leben, meine Pläne, meine Familie, ich selbst. Es gab keine Sorgen, keine Zweifel, keine Ängste. Die Zeit stand still. Ich war in einer neuen Wirklichkeit, fühlte mich wie neugeboren. Ich war daheim, endlich angekommen – einfach so. Mich überkam eine große Welle Dankbarkeit.

»Das ist meine Seele?«

Er nickte, seine Augen strahlten und ein warmes Lächeln umspielte seine Lippen. Wir standen da, sahen uns an und empfanden tiefe, gemeinsame Freude.

Dann begann er zu sprechen: »Alle Menschen, über alle Rassen- und Glaubensgrenzen hinweg, tragen dieses Urgefühl in sich, sehnen sich danach und wollen es wiederfinden. Das, was du fühlst, ist Liebe in ihrer reinsten Form. Sie will nichts. Sie erwartet nichts. Sie ist einfach nur. Du bist jetzt wieder verbunden mit dem Geist des Unaussprechlichen, mit deinem Ursprung. Das ist es, was du fühlst.«

»… und ich habe es all die Jahre erfolglos gesucht …«

»Genau. Du kannst nicht suchen, was du schon hast. Solange du die Liebe, die Harmonie, den Frieden, die Sicherheit im Außen suchst, verneinst du sie gleichzeitig in dir. Du verneinst deinen allerschönsten und mächtigsten Teil. Natürlich fühlst du dich deshalb vage unwohl, weißt aber nicht wirklich warum.

Erst, wenn du beginnst, dein Selbst, die Qualitäten deiner Seele, wirklich zu lieben und ihren

Wert zu schätzen, kannst du auch andere Menschen lieben und achten. Denn wie willst du lieben, wenn du noch gar nicht genau weißt, wie sie sich wirklich anfühlt, diese Liebe?

Diese Liebe ist ein Strahlen, ein Leuchten, das Leben selbst, ein stilles, tiefes Glück. Sie ist kein Gefühl, sondern ein Zustand: ein Zustand vollkommener, geistiger Klarheit. Klarheit darüber, wer du in Wirklichkeit bist – jenseits von Zeit und Raum, immer.«

»Ich sehe also nur wie ein Mensch aus, bin aber in Wahrheit eine Seele voller Liebe? Mit ihr verbunden kann ich nichts falsch machen, nicht in die Irre laufen?«

Er schüttelte den Kopf: »Niemals!«

»… und das bleibt jetzt so?«

»Du wirst diesen Zustand einfach immer wieder neu in dir erschaffen, so lange, bis jede einzelne Zelle diese Information vollkommen aufgenommen hat. Als Mensch wurdest du geboren, und als Mensch wirst du diesen Planeten auch wieder verlassen. Als Seele wurdest du weder geboren, noch wirst du die Einheit mit dem Urgrund des Seins jemals verlassen. Du bist definitiv ein Teil von ihm, und er ist ein Teil von dir. Du bist ein vollkommener Teil der Vollkommenheit. Ohne dich ist die Vollkommenheit nicht vollkommen. Du gehörst dazu – immer. Solange du aber meinst, nur ein Mensch zu sein, wirst du dich getrennt fühlen, wirst du entsprechend den Gesetzen der Dualität denken, sprechen und handeln. Du wirst fest an alle möglichen Grenzen glauben, denen du unterworfen zu sein scheinst, zudem an Mangel, Leid und Ungerechtigkeit. Und weil genau das fast alle Menschen tun, ist es auch ihre Wirklichkeit.

Die Wahrheit ist: Du hast immer und jederzeit Zugang zur Grenzenlosigkeit des Unaussprechlichen, zum kosmischen Urgrund, und damit zu unbegrenzten Kräften. Befreie dein Denken täglich aus seinen alten, linearen Strukturen, und verbinde dich mit dem Geist des Unaussprechlichen. So lässt sich alles erreichen: Alle Möglichkeiten eröffnen sich dir, es steht dir alles zur Verfügung, was du jemals während deines Lebens brauchen könntest. Sobald du bereit bist, das wieder anzuerkennen, werden diese Kräfte beginnen, für dich auch wieder zu wirken.

Sobald du dein Bewusstsein mit der grenzenlosen Kraft deiner Seele verbindest, erkennst du eine neue Wahrheit: Du bist grenzenlos und frei, unbeschreiblich machtvoll und auf ewig mit dem Unaussprechlichen, der Weite des unendlichen Universums, eins – und zwar für immer. Es gibt keine Trennung, es hat sie nie gegeben. Deine Seele ist immer mit dir. Du wirst ihr Wesen, ihre Kraft erst fühlen, wenn du dein Bewusstsein auf sie richtest und dich ehrlich und wahrhaftig mit ihr austauschen willst. Solange du an Grenzen glauben willst, werden sie in deinem Leben erscheinen. Du kannst immer nur erfahren, was du selbst für möglich hältst. Denke, sprich und handle genau so, wie es deinen Gefühlen entspricht, denn deine Seele spricht zu dir über diese. Aus ihnen erschaffst du immer deine Wirklichkeit.

Wie also willst du dich fühlen? Willst du glücklich sein, frei und unbeschwert, grenzenlos kreativ, mutig, voller Gottvertrauen und Zuversicht? Willst du die Freude am Leben fühlen, die Lust auf Leben in jeder Zelle spüren? Willst du jubeln vor Glück, unbegrenzte Fülle erfahren? Alles leben, was in dir steckt? Erfahren, wovon du immer geträumt hast? Willst du das? Und was bist du bereit, dafür zu geben? Geben und Nehmen sind immer eins.

Verbinde dich mit deiner Seele und schenk dir selbst Vertrauen, Wertschätzung, Achtung und Respekt. Alles, was in deinem Alltag geschieht und dich nicht aufbaut, atmest du ab sofort bewusst zurück in dein Herz. Nimm es zu dir zurück. Übernimm die volle Verantwortung dafür. Denn alles, was du erfährst, hast du selbst erschaffen. Es gibt keine Fehler, nichts ist falsch oder schlecht, es sind alles nur Erfahrungen. Sei dankbar dafür, dass du sie gemacht hast. Natürlich erfährst du Licht und Schatten. Du lebst ja schließlich in der Dualität. Du kannst aber wählen, ohne zu werten, welchem Aspekt dieser Dualität du deine Aufmerksamkeit schenken willst. Die Kraft deiner Seele wird für dich zu einer unerschöpflichen Energiequelle. Sie war immer da. Sie wird immer da sein. Du kannst sie nutzen und genießen – jederzeit. Deine Seele würde dich nur zu gerne mit grenzenlosen Wohlgefühlen überschütten. Aber du musst es wollen und das Tor, dein Herz, öffnen, es für möglich halten und es immer wieder einladen. Du darfst jetzt anerkennen, dass deine Seele ohnehin die Regie in deinem Leben führt und dich bewusst von ihr führen lassen. Denn alles, was wirklich zu dir und deinem Erfahrungsschatz in diesem Leben gehört, kommt ohnehin zu dir. Du kannst es nicht suchen. Es kommt, wenn die Zeit reif ist. So einfach ist das!«

Diese Worte meines verehrten Lehrers klingen noch immer in mir nach. Sie halten mich »in der Spur«, erinnern mich daran, was mir wirklich wichtig ist.

Wenn du magst, dann folge mir in diese kreative Welt, in der alles möglich ist. In die Welt des inneren Friedens und der Harmonie. In eine Welt, die nur Sieger kennt. Mit auf die Reise gehen all die Menschen, die bereit sind, genau das einmal zu erleben. Vielleicht, weil sie neugierig sind oder der Zeitgeist dazu einlädt. Vielleicht, weil es einfach Zeit ist. Warum auch immer. Es ist schön, dich dabei zu wissen. Es wird eine großartige Reise: wohltuend, befreiend, spannend, kreativ, erfüllend. Das kann ich versprechen.

Bewusste Entscheidungen

*E*ine kraftvolle, wirkungsvolle Entscheidung zu treffen, bedeutet auch immer, jeden Zweifel daran vollkommen auszuschließen. Erst dann kann eine Entscheidung wirklich etwas bewirken. In diesem Sinne entscheide also erst einmal gedanklich, was du wirklich willst. Dann folge diesem Gedanken konsequent und beharrlich, und erlaube dir keinerlei Zweifel. Jeder Zweifel ist seiner Natur nach eine Verneinung.

Du wusstest schon immer, was heute wissenschaftlich bewiesen ist: Wenn wir einen Gedanken intensiv genug denken und fest daran glauben, was wir denken, dann verdichtet er sich und wird zu unserer Wirklichkeit. Dabei geht es gar nicht darum, was richtige oder falsche Gedanken sein könnten. Es geht einfach nur darum, dass wir uns wieder bewusst und aufmerksam darum kümmern, was wir denken und wie wir uns mit diesen Gedanken fühlen. Sobald wir uns nicht wohlfühlen, ist es überaus sinnvoll, die eigenen Gedanken umgehend neu auszurichten, eben die Quanten neu zu ordnen.

Als der alte Weise mir damals erklärte, ich sei kein Mensch, sprach er natürlich die volle Wahrheit. Auch die moderne Wissenschaft bestätigt, dass der Mensch zu über 99,9 Prozent reiner Geist ist. Der verbleibende winzige Rest ist Materie. Schauen wir uns unsere Betrachtungsweisen, Verhaltensweisen, die inneren Programme oder Gewohnheiten näher an, dann wird meist offensichtlich, dass wir dem kleinsten Anteil die größte Aufmerksamkeit schenken.

Wenn wir von uns selbst sprechen und »ich« sagen, wen meinen wir dann eigentlich? Bin »ich«, die Person, gemeint oder »ich«, die Seele? In der alten Tradition existiert darüber nicht der geringste Zweifel. Natürlich bin »ich« in erster Linie die Seele und damit selbstverständlich voll verantwortlich für all meine Erfahrungen.

»Geistwelt ist vergleichbar mit Luft«, sagte der Weise damals zu mir. »Du kannst sie nicht sehen, auch nicht fassen, aber ohne sie lebst du nicht.«

»Und meine Gedanken gehören auch der Geistwelt an?«, fragte ich.

»Was sonst? Geist ist ein universales Informationsfeld, das zudem immer geistreicher wird. Dieses Feld ist unbegrenzt, unendlich. Aus dem Geist entsteht alles. Aller Materie liegt Geist zugrunde.«

»Und mein Körper?«

»Nun, ihm liegt ebenfalls Geist zugrunde, aber dein Körper gehört auch der Materiewelt an, und diese ist begrenzt und endlich. Hier auf der Erde erfahren wir alle die Polarität. Hier bist du immer beides, fühlst abwechselnd Geist und Materie, Seele und Person, Licht und Schatten, Freude und Leid, Glück und Unglück. Es erscheint dir zunächst verwirrend, weil du für eine gewisse Zeit in der Illusion lebst, ausschließlich ein Mensch zu sein, von Zeit und Raum, vielleicht auch vom Schicksal begrenzt. Aber wenn du lange genug gegen diese Grenzen gestoßen bist, dich energetisch ausgetobt hast und immer wieder das Gleiche erlebst, dann bist du langsam so weit, zu erkennen, dass die Wahrnehmung ›Mensch‹ nur teilweise der Wahrheit entspricht. Dann verstehst du auch endlich Folgendes: Du kannst immer wählen, was du wirklich willst. Du kannst dich bewusst dafür entscheiden, was du denkst und fühlst. Du kannst lernen, deutlich wahrzunehmen, wie du tust, was du tust. Die einzige Voraussetzung: fest und unerschütterlich dabeibleiben.

Du kannst in jedem Augenblick wählen, wie du dich fühlen willst, ganz gleich, was geschieht. Du kannst wählen, welche Bedeutung du den Dingen deines Alltags geben willst, denn die von dir gewählte Bedeutung jedweder Situation bildet die Brücke zwischen Geist und Materie. So gestaltest du deine Lebensqualität jeden Moment selbst. Je nachdem, welche Erfahrungen du machen willst, wirst du deine Prioritäten setzen. Keine Erfahrung ist richtig oder falsch, keine besser als die andere. Du kannst keine Fehler machen, denn alles, was du erlebst, wird dich innerlich bereichern und dir Erkenntnis bringen. So kannst du dich also entscheiden, dein Ego wählen zu lassen bzw. deinen rational geprägten Verstand. Beide gehören deiner Persönlichkeit an und zeigen die überdeutliche Tendenz, sich von Angst leiten zu lassen. Das Ego baut die Angst zu seinem Schutz auf. Beide verhelfen dir zur Erfahrung der Begrenzung, der Endlichkeit und des Mangels in all seinen Erscheinungsformen. Denn solange du deiner Angst folgst, sie für wahr hältst, kannst du dich nicht mit deiner Seele verbinden. Im Gegenteil: Die Angst verschließt den Zugang zur Seele.

Wenn du hingegen dein Bewusstsein auf deine Seele lenkst und deinem Herzen zu wählen erlaubst, dann beginnt die Zeit der Wunder. Denn deine Seele ist Wahrheit, und Wahrheit ist reines Bewusstsein, pure Schöpferkraft. Wunder sind der sichtbare Ausdruck dafür, dass du mit allem, was ist, vollkommen vertraut und verbunden bist, dich eins fühlst. Diese Kraft übersteigt die Grenzen deiner Vorstellung und trägt dich auf neue, geistige Wirklichkeitsebenen. Deine Seele bringt eine erweiterte Perspektive in dein Leben. Du wirst von Gefühlen überflutet, nach denen du dich immer schon gesehnt hast. Deine Seele erfüllt dich mit Mut, Zuversicht und Vertrauen. Wenn du es ihr erlaubst und deine Ideen, wie dein Leben zu sein hat, einmal hintanstellst, trägt sie dich durch dein Leben. Sie schenkt dir ein Wunder nach dem anderen. Sie wünscht sich nichts mehr als deine Heilung und wartet darauf, dich zu führen und dir zu schenken, was sie im Überfluss für dich bereithält: Frieden, Stille, Zufriedenheit, Sicherheit, Vertrauen, Harmonie, Ankommen, Daheimsein – Entspannung durch und durch.

So, wie der Sonnenstrahl weiß, wozu er gehört, so weiß es auch deine Seele. Sie möchte, dass du ihr erlaubst, für dich zu wirken, denn damit beginnt deine Befreiung, dein lang ersehntes, inneres Glück. Deine Seele kennt den Weg, die Illusion ›Mensch‹ und die Erfahrungen der Begrenzung beiseitezustellen, um den Frieden, die Einheit in dir selbst wiederherzustellen. Es wird wie ein inneres Aufatmen sein. Du kannst diesen Zustand aus eigener Kraft erreichen.«

»Dann kann ich auf immer glücklich sein?«

»Du entscheidest immer über dein Bewusstsein, darüber, wer du sein willst – jeden Moment neu. Darin besteht die Herausforderung. Wenn du auf dein Ego hörst, dann präsentiert es dir immer einen Mangel. Irgendetwas fehlt dir immer. Im Mangel kannst du nicht glücklich sein. Wenn du dich hingegen mit deiner Seele verbindest, deren Natur die Fülle ist, dann empfindest du Dankbarkeit und Frieden. Du weißt dann einfach wieder, dass du alles hast, was du brauchst. Frage dich immer: Was ist die höchste Wahl für mich selbst? Dann folge stets dem ersten Impuls. Wir verfügen alle, ohne Ausnahme, über einen freien Willen. Setzen wir ihn nutzbringend für uns selbst und alle anderen ein. Denn was einer fühlt, das fühlen in Wahrheit alle. Folgen wir konsequent unserer Absicht, nur Harmonie, Lebensfreude und Wertschätzung auszudrücken, und grüßen wir jeden Menschen, der uns begegnet, mit ›Aloha‹. Je mehr Menschen wir auf diese Weise herzlich begrüßen, desto tiefer können wir die undenkbare, unbeschreibliche Kraft und Weisheit des großen Ganzen erahnen und eine noch intensivere Verbindung mit ihm eingehen. Diese Intensität bereichert unser aller Leben.«

»Das ist so eine Art geistiger Hotline?«

»Ja. Durch sie bekommen wir immer Antworten. Wir benutzen sie jedoch nicht in dem Bewusstsein, dass nur der Unaussprechliche allmächtig ist und alles kann, wir hingegen nicht. Wir sagen ihm nicht, er solle sich um unsere Wünsche kümmern, weil wir es allein nicht hinkriegen. So würden wir nur die Verantwortung abgeben und uns selbst kleinhalten. Wenn wir unsere Hotline anwählen, dann ausschließlich über die Nummer ›Liebe und Dankbarkeit‹. Das klingt dann so: ›Danke, dass du uns so wunderbar mit allem, was wir jemals brauchen könnten, ausgestattet hast. Danke für deine grenzenlose Liebe. Danke für das gigantische Potenzial, das wir nutzen dürfen. Danke, dass du uns zutraust, diese Kraft zu lenken und Gutes für uns alle daraus entstehen zu lassen.‹

So bringen wir seine Kraft, die natürliche, heilige Ordnung des kosmischen Urgrunds, die universale Harmonie, den Frieden auf diese Erde, die wir achten, behüten und wertschätzen. Das zu tun, ist unsere höchste Absicht. Mögen alle Wesen des gesamten, grenzenlosen Universums glücklich sein und den Frieden in ihren Herzen finden. Wir erzeugen ihn bewusst jeden Moment und strahlen ihn aus, damit immer mehr Menschen mit ihm in Resonanz gehen können.«

Liebe dich selbst

Es war einmal eine Frau, deren Seele sich für ihr Leben auf der Erde vorgenommen hatte, das Wesen der Liebe zu ergründen. Während dieser Zeit genoss sie viele glückliche Momente, litt aber auch unter vielen schmerzlichen. Immer jedoch blieben es Momente, und sie gingen recht schnell vorbei. Es war ein ständiges Auf und Ab. Jedoch behielt sie immer die Absicht bei, das Gute in jeder Situation zu finden, und sie bemühte sich sehr, ihre Liebe zu anderen Menschen spontan und ehrlich auszudrücken.

Als sie dann, nach einem langen Leben, wieder im Paradies ankam, war sie sehr zufrieden. Sie genoss das Licht um sich herum sehr und meinte, jetzt sei sie glückselig.

Doch dann begann sie, sich selbst zu fragen, woher denn dieses Licht eigentlich komme. Je länger sie diesen Gedanken folgte, desto klarer verstand sie, dass dieses unbeschreibliche Licht Ausdruck des reinsten und höchsten Bewusstseins war. Diese Erkenntnis war für sie so wunderbar, dass sie sich immer noch intensiver auf dieses Licht einließ, ja, sogar mit ihm verschmelzen wollte.

Plötzlich erkannte sie die Wahrheit: Alles, was sie umgab, war von diesem Licht durchdrungen.

Nichts, gar nichts, war voneinander getrennt. Sie selbst gehörte dazu, alles war ein einziges Ganzes. Ihre Dankbarkeit war grenzenlos, als sie sich erlaubte, diesen seligen Zustand ganz und gar zu fühlen: Ich bin einfach alles – reines Leben, reiner Gedanke. Ich bin ich und auch das Ganze. Ich bin alles, was ist. Eine Ahnung des Unaussprechlichen durchflutete sie, und sie empfand voller Freude, dass sie ein ewiger Gedanke seines Seins war. Er hatte sie genau so gedacht, wie sie war. Sie fühlte sich eins. Nur noch mit ihm zu sein, das war ihr einziger Wunsch.

Aber dann war plötzlich wieder die Erinnerung an die Erde da. Unerwartet tauchte das Gefühl auf, während ihres Lebens auf der Erde immer in der Illusion gelebt zu haben, von ihm getrennt gewesen zu sein.

Wie sehr hatte sie sich bemüht, ihren Eltern eine liebevolle Tochter zu sein und später auch ihrem Ehemann eine wirklich verständnisvolle Partnerin. Sie hatte ihre Kinder verwöhnt, ihre Freunde in ihr Herz geschlossen, hatte immer alles so schön wie nur möglich gestaltet. Den Menschen zu dienen, die sie von Herzen liebte, war ihr wie die höchste Form der Liebe erschienen. Jetzt erst erkannte sie, dass sie sich selbst vergessen und überhaupt nicht geliebt hatte. Das war auch der Grund, warum sie die Erfahrung nicht machen konnte, nur um ihrer selbst willen geliebt zu werden. Sie hatte es eher für vermessen gehalten, das eigene Selbst als kostbar und als mit dem großen Ganzen vollkommen verbunden zu halten.

Jetzt war es ihr mehr als sonnenklar: Natürlich ist die Grundvoraussetzung für die tiefste Erfahrung der Liebe die Selbstliebe. Nur wenn man Liebe für sich selbst empfindet, ist man in der Lage, die Verbundenheit und die Tiefe der Liebe des Unaussprechlichen zu fühlen. Diese grenzenlose, unbeschreibliche Liebe, diese Harmonie, die Einheit – das alles war schon immer und im vollen Ausmaß mit ihr gewesen. Aber sie hatte es nicht sehen können, weil sie ihre Aufmerksamkeit in erster Linie auf die anderen gerichtet hatte. Sie hatte ihre Liebe auf all ihre Mitmenschen verteilt. Sie hatte sich selbst vollkommen ausgeblendet. Deshalb hatte sie auch immer, tief in sich, das Gefühl behalten, dass etwas fehlte. Sie hatte sich für dieses Gefühl gescholten, denn äußerlich schien doch alles in Ordnung zu sein. Dennoch war die stille Sehnsucht nach dem gerechten Lohn geblieben. Sie hatte versucht, sie zu stillen, indem sie immer noch mehr gegeben hatte.

Nun endlich erkannte sie: »Ich habe mich immer vom Kosmos getrennt gefühlt. Ich wusste zwar um diese Kraft in meinem Leben, aber ich habe mich nicht getraut, sie als meine eigene anzuerkennen. In meiner Vorstellung war sie immer außerhalb von mir, schaute von irgendwo zu. Deshalb ist es mir nie in den Sinn gekommen, meine Seele, mein Selbst, hingebungsvoll und dankbar zu lieben. Aber erst, wenn ich meine Seele liebe, bin ich immer und unausweichlich eins mit ihm.« Sie hatte endlich verstanden.

Und so entschied sie, noch einmal als Mensch auf die Erde zurückzukehren. Sie wollte ein Mensch sein, der sein Selbst, sein Innerstes, zu lieben verstand, um so auch den Mitmenschen den Impuls zu schenken, es ihr gleichzutun. Sie wollte in diesem Leben jeden Moment wertschätzen. Sonst wollte sie nichts erreichen. Sie wollte nicht länger besser, klüger, reicher oder erfolgreicher sein. Sie hatte ihr Selbst gefunden und wollte dieses Gefühl mit all den Menschen teilen, die es ebenfalls wiederfinden wollten.

So kam sie wieder als Mensch auf die Erde und strahlte Liebe aus. Die unerschütterliche Kraft ihrer Liebe erreichte viele Mitmenschen, ließ diese in ihrer Gegenwart ruhig, glücklich und zufrieden sein. Sie wusste den Unaussprechlichen in sich selbst, in ihrer Seele, in ihrem Herzen. Ihre Gedanken waren von dieser Kraft erfüllt, und ihre Worte waren wie Lichtfunken. Mit den Wurzeln ihres Bewusstseins verweilte sie in der Quelle und erhellte so ihr Leben und das aller um sie herum. So kam das Wesen des Unaussprechlichen ein weiteres Mal auf die Erde.

Kapitel 3

Du kannst in deinem Leben viel erreichen,
wenn du dich jedoch selbst nicht erreichst,
ist nichts erreicht.

Gefühle sind Schöpferkraft

*W*as ist nun eigentlich ein Gefühl bzw. eine Emotion wirklich? Jedes Gefühl ist seinem Wesen nach nichts als Energie in Bewegung (emotion = in Motion), und diese Energie arbeitet, bewirkt Wirklichkeit.

Du kannst es leicht überprüfen: Erinnerst du dich, wie es war, als du einmal so richtig wütend warst? Spürst du die Bewegung deiner Lebensenergie? Wie sie sich spontan aufbäumt? Würdest du am liebsten aus der Haut fahren? Explodieren? Brüllen? Spannen sich deine Muskeln an, ballen sich die Fäuste? Siehst du rot? Kochst du innerlich? Fällst du oft innerlich in dich zusammen, findest die ganze Welt ungerecht, die Menschen ebenso und siehst dich selbst als Opfer der Umstände – ein armes Menschlein, das keiner versteht und das keiner liebt? Versinkst du in Selbstmitleid?

Wenn das der Fall ist, dann richtest du die Aggression gegen dich selbst und erzeugst tiefe, endlose Traurigkeit. Traurigkeit wiederum ist nichts anderes als unterdrückte Wut.

Aber es geht auch anders.

Nimm deine Wut wahr, betrachte sie, und frage dich: »Was mache ich jetzt damit? Tobe ich wie ein Kleinkind? Lasse ich meine Wut an anderen aus? Oder unterdrücke ich sie besser und leide still vor mich hin? Sinne ich auf Rache? Wie werde ich diesen verflixten, unerträglichen Überdruck bloß wieder los?«

Du kannst bewusst wählen. Bewusstsein ist außersinnlicher Natur, es ist dein Bedeutungsgeber, dein inneres Organisationsprinzip. Es wirkt immer auf die Bildung von Wirklichkeit ein, und es will von dir gelenkt und gezielt eingesetzt werden. Wenn du der Situation hier und jetzt eine neue Bedeutung geben willst, eine, die dir sofort wieder Energie zuführt, statt sie dir auszusaugen, dann mache dir Folgendes bewusst: Du brauchst nur deine Sichtweise zu verändern.

Frage dich, wie du deine Situation sehen und interpretieren willst. Wie willst du dich fühlen? Deine Antwort könnte so ausfallen:

»Diese, meine Gefühle ziehen an, was ich nicht haben will. Denn alles, was ich aussende, kommt verstärkt zu mir zurück. Druck erzeugt Gegendruck. Das ist ein Gesetz. Ich verstehe die Gesetze der Natur und arbeite mit ihnen und nicht gegen sie.

Diese Gefühle sind begrenzender, zerstörerischer Natur, das ist klar. Ich weigere mich ab sofort, meine Aufmerksamkeit in Gefühle zu lenken, die mich begrenzen oder sogar zerstören. Solange ich auf diese Weise denke und reagiere, lebe ich nur von außen nach innen und erlaube anderen, mich in Rage zu bringen, in Traurigkeit zu versetzen, mich zu ärgern usw. Aber ich will nicht länger auf andere reagieren, sondern endlich selbst agieren. Denn reagieren ist nicht aktiv wählen.

Meine inneren Bilder bestimmen meine Wirklichkeit. Indem ich meine eigenen Erlebnisse deute, bestimme ich ja gleichzeitig, was sie für mich bedeuten. Also denke ich neu:

In meinem Herzen lebt das Kraftfeld fest verankert, das mit meinem wahren Sein, mit dem Potenzial meiner Seele auf immer verbunden ist. Deshalb beginne ich jetzt, mit jedem Einatmen meine Wut zurück in mein Herz zu nehmen. Ich atme meine Wut in mein Herz zurück – tief und entschlossen. Mein Herz und meine Seele können diese Energie transformieren, und sie tun es jetzt. Es ist meine Wut. Ich habe sie erschaffen. Auch, wenn ein anderer der Auslöser war. Sie gehört zu mir, und ich werde mich jetzt heilen, weil Wut in ihrer wahren Natur immer Liebe ist, die nicht ankommt. Deshalb leite ich sie über mein tiefes, konzentriertes Einatmen in mein Herz, welches sich gleichzeitig immer weiter ausdehnt und immer weicher wird. Ich atme immer weiter …

Bald fühle ich mehr Ruhe, mein Herz wird weicher, mein Verstand klarer, und ich erkenne, dass ich meine Gefühle sehr wohl selbst heilen kann und mich dabei deutlich besser fühle.

Nur, wenn ich auf diese Weise lebe, lebe ich aktiv, von innen nach außen, und bin tatsächlich in meinem eigenen Leben angekommen. Ich habe aktiv gewählt. Ich kann es jederzeit wiederholen. Ich fühle mich kraftvoll und habe nun die Vollmacht über mein Leben zurückgewonnen. Weil ich kostbar bin, ein wirklich liebevolles Wesen, erlaube ich nur noch aufbauenden Gefühlen, mein Leben zu bestimmen. Ich erfreue mich an mir selbst, bin im Reinen mit mir. So macht mein Leben richtig Spaß.«

Freilich braucht es Übung und einiges an Entscheidungskraft, uns selbst in einen anderen, friedvolleren Geisteszustand zu erheben. Es ist zwar nicht schwer, will aber geübt werden. Die alten Weisen meinen dazu Folgendes: »Solange du ein Problem hast, hast du noch nicht genug geliebt.« Wen? Natürlich sich selbst!

Willst du glücklich, zufrieden, gelassen und ausgeglichen sein? Das ist nur erreichbar, wenn du deinem Herzen oberste Priorität einräumst und dein Bewusstsein immer darauf ausrichtest, genau die Gefühle zu wählen, die dir tatsächlich und dauerhaft im Herzen wohltun. Denn du kannst dich zum Glücklichsein entscheiden. Sei nachsichtig mit dir selbst, und verzeihe dir sofort, wenn dir irgendetwas nicht gelungen sein sollte. Du hast dein Bestes gegeben.

Lobe dich selbst für jeden Versuch, auch dann, wenn er nicht auf Anhieb zum gewünschten Ziel führt. Nicht das Ergebnis ist in erster Linie anerkennenswert, sondern der Impuls und der Einsatz an Energie, es erreichen zu wollen. Allein es versucht zu haben, verdient volle Anerkennung und Wertschätzung. Bleibe einfach dran, und übe unverdrossen weiter. So stabilisierst du dein Selbstvertrauen und baust dein Selbstwertgefühl stetig auf.

Sobald das Selbstwertgefühl wächst, lösen sich auch deine Probleme, denn ein Problem ist immer nur so lange ein Problem, bis du eine Lösung siehst. Sie beginnt damit, dass du sofort aufhörst, mit dem Problem zu kämpfen, denn das lässt es wachsen. Stattdessen verbindest du dich mit deinem inneren Kraftfeld, mit dem Göttlichen, und erschaffst dir so eine neue Realität. Du denkst ab sofort wertschätzend über dich selbst und mutest dir keinen weiteren, inneren Kampf zu. Du wirst staunen, was sich daraus für Lösungen ergeben werden. Vertraue darauf, denn die Weisheit deiner Seele möchte dich immer mit Wohlbehagen überschütten. Das kann sie jedoch nur, wenn du es zulässt.

Auf diese Weise kannst du in sehr kurzer Zeit leicht und ohne alle Vorkenntnisse Beschwerden und Probleme aller Art zunächst lindern und dann heilen.

Das Bewusstsein darüber, wer du wirklich bist und welche Möglichkeiten dir tatsächlich zur Verfügung stehen, will jetzt wieder erwachen. Du kannst dich in jedem einzelnen Moment dazu entscheiden, es aufzuwecken, um zufrieden mit dir selbst und deinem Leben zu sein.

Gigantisches Potenzial liegt bereit

*D*er Weise, dem ich begegnen durfte, empfand sich selbst, wie auch jeden anderen Menschen, als einen sichtbar gewordenen Ausdruck des Unaussprechlichen, als ein Wesen, durch das dessen Licht strahlt. Für den Weisen stand außer Frage, dass jeder Mensch göttliches Sein in menschlicher Form darstellt. Allein aus diesem Grund fühlte er sich bereits unendlich reich und beglückt.

Er bewegte sich zwar auf der Erde, zählte zum »Bodenpersonal«, wusste sich aber jeden Moment dem großen Ganzen zugehörig – geleitet und getragen, geschützt und geliebt. Für jeden Menschen, dem er begegnete, war es ein Genuss, in seiner Gegenwart zu sein, so, wie es für ihn selbst eine Wonne war, die Gegenwart anderer zu fühlen, denn er wählte immer, ausgiebig zu genießen. Er fühlte sich in jedem einzelnen Augenblick mit dem Geist des Unaussprechlichen verbunden, denn dieser erfüllte ihn ja bis in jede einzelne Zelle. Bei mindestens fünfzig Billionen menschlichen Zellen stellt dies eine gigantische Kraft dar, wenn sie bewusst wahrgenommen und genutzt wird. »Ein unsichtbares, unzerstörbares, unbegrenztes Netz aus Wohlgefühlen« nannte er es.

Zweifel kannte er nicht. Sorgen, Ängste oder andere Nöte blieben ihm gänzlich unbekannt. Er fühlte sich vollkommen eingebettet in das große Ganze – geborgen, sicher, daheim. Mehr wollte er nicht. Mehr brauchte er nicht. Das, was er sein Eigen nannte, war aus seiner Sicht auch nicht zu überbieten. Natürlich hegte und pflegte er seine Gefühle: »Sie sind der Humus meines Alltags.« Er war die personifizierte Glückseligkeit.

Als ich ihn einmal fragte, was denn der Unterschied zwischen ihm, dem Meister, und mir, der bislang auf diesem Gebiet unerfahrenen Schülerin aus Europa, sei, meinte er mit einem herzlichen Auflachen: »Oh, sehr einfach. Wir, die Kahunas, denken einfach immer die Vollkommenheit.«

In dieser Sekunde verstand ich, warum es mir so oft misslang, einfach nur glücklich, dankbar und zufrieden zu sein. Es hatte mit meinem Denken zu tun. Und ich hatte ziemlich viele krause Gedanken. Zu diesem Thema wollte ich wirklich alles wissen.

»Bitte erzähl mir, wie ich diese Wärme, diese Zufriedenheit denken kann.«

»Stell dir in deinem Herzen den Unaussprechlichen vor, diese Kraft, die wir Geist, Licht, bedingungslose Liebe, reines Bewusstsein oder auch pure Schöpferkraft nennen können. Diese hauchzarte Liebe, die überhaupt nichts will, einfach nur alles versteht. Diese Liebe ist kein süßliches Gefühl, sondern tiefe Wertschätzung und deine Freude darüber, dass du genau so bist, wie du nun einmal bist. Diese Energie ist grenzenlos, aus ihr entsteht alles, bis hinein ins unendliche Universum, das sich übrigens jeden Moment immer weiter ausdehnt. Was fühlst du bei dieser Vorstellung?«

»Das ist großartig! Und wie geht das genau?«

»Wie du schon weißt, ist deine Seele, dein wahres, ewiges Ich, ihrem Wesen nach ein Lichtfunke aus dem grenzenlosen Licht des Unaussprechlichen. Sie ist ein Teil dessen. Die Wesenheit des großen Ganzen spiegelt sich in dir und umgekehrt. Diese Verbindung ist unauflöslich. Für euren Begriff ›Seele‹ haben wir den Namen ›Kane‹, ihr nennt es auch ›Überbewusstsein‹ oder ›höheres Selbst‹. Ich nenne es gerne ›das große Ich‹. Gemeint ist der Teil der menschlichen Erscheinung, der immer reiner Geist bleibt, körperlos und unvergänglich, der immer jenseits von Zeit und Raum existiert und der dich durch dein Leben führt. Deshalb wohnt ja dein Körper auch in deiner Seele.

Das Kane folgt einem übergeordneten Plan für die Zeit deiner irdischen Existenz. Seine Absicht ist es, dein Bewusstsein auszudehnen. Es will in der Polarität von Licht und Schatten dein Unterscheidungsvermögen und deine schöpferischen Qualitäten schulen, was in der Einheit ja nicht möglich ist. Es will dein geistiges Potenzial immer weiter steigern, dich zu immer höheren Einsichten führen. Es leitet dich sicher durch ein äußerst erfülltes, glückliches irdisches Leben – vorausgesetzt du stimmst zu.

Dein Kane ist immer mit der reinsten Quelle verbunden, wohnt in ihr, speist sich aus ihr. Wenn du mit dem großen Ich verbunden bist, wirst du die Kraft des Unaussprechlichen in deinem Wesen fühlen. Nichts wird dich dann wirklich niederringen, nichts dir wirklich schaden können. Du erfährst dich selbst als der sprichwörtliche Fels in der Brandung. Anders ausgedrückt: Die aus Harmonie und grenzenloser Liebe bestehende unendliche Kraft des Unaussprechlichen fließt unaufhörlich über dein großes Ich zu dir. Wenn du zustimmst, wirst du diese Liebe und diese Harmonie sofort fühlen können. Dann kannst du diese unerschöpfliche Kraft in all deine Entscheidungen einfließen lassen. Wenn du dir diese Erlaubnis bewusst erteilst, dann lädst du den Unaussprechlichen ein, ein Leben lang mit dir gemeinsam zu wirken – jeden einzelnen Augenblick. Was sollte da noch schiefgehen? Was könnte dich so noch besorgen oder bedrücken?

Ist dir schon aufgefallen, dass sich alle Menschen, gleichgültig, welcher Kultur, Religion oder Rasse sie angehören, ob sie jung oder alt, reich oder arm sind, letztlich nur nach dieser Art von Liebe sehnen? Wenn du noch genauer hinschaust, dann erkennst du, dass in deiner Sehnsucht nach der großen Liebe diese Liebe schon enthalten ist. Die Erfahrung von Liebe ist bereits in dir. Logischerweise musst du diese Liebe bereits sehr gut kennen, sonst könntest du dich nicht unaufhörlich nach ihr sehnen. Etwas, was du nicht kennst, kannst du nicht ein ganzes Leben lang ersehnen. Erkenne, dass du den direkten Zugang zu dieser kostbaren Liebe niemals verfehlen kannst.

Wenn du es gedanklich zulässt, verstehst du immer tiefer, wer du in Wahrheit bist und wie stabil deine Verbindung zum großen Ich ist. Sobald du diese Wahrnehmung zulässt und die Dankbarkeit für dieses unermessliche Geschenk zu fühlen beginnst, wird dein Leben immer mehr zu reiner Freude und purem Genuss – egal, was geschieht.«
»Und warum bin ich ein Mensch, sehe zumindest so aus? Warum das ganze Spiel?«
»Als Mensch willst du wählen können, weil es dir einerseits großen Spaß bringt und andererseits tiefe Erkenntnis. Zu wählen ist ein Abenteuer. Zu wählen ist immer auch ein schöpferischer Akt. Und nur so kannst du dich auch als wirklicher Schöpfer erfahren. Du hast dich entschieden, Geist und Materie gleichzeitig zu sein, weil du nach und nach herausfinden willst, welch genialer Schöpfer du wirklich bist.«
»Und all die Fehler, die ich gemacht habe? Das ergibt doch keinen Sinn!«

»Aber natürlich! Deine vielen Niederlagen und Pannen beweisen dir doch bereits, dass du ein genialer Schöpfer bist. Oder willst du wirklich allen Ernstes immer noch behaupten, dafür sei das Schicksal verantwortlich? Wenn du eine Bruchlandung machen kannst, dann kannst du auch das Gegenteil. Ist doch klar, oder? Höre deinem Ego nicht zu, wenn es dir vormachen will, ein Schöpfer zu sein hieße, selbstverständlich nur Erfolge zu produzieren. Wenn es so wäre, dann könntest du nichts lernen. Du brauchst immer beides: Niederlagen und Erfolge. Dein Herz weiß das.

Sobald dir klar wird, dass du tatsächlich immer eine Wahl hast, wirst du auch immer bewusster wählen wollen. Dann wirst du den tiefen Sinn des Menschseins ergründen. Du wirst Zusammenhänge begreifen und immer klarer erkennen, was für dich und dein Herz im Leben wirklich Priorität genießt. Was wirklich für dich zählt, was du um keinen Preis verpassen willst. Erst wenn du Unglück in vielen Formen erfahren und gefühlt hast, wirst du verstehen können, was Glück wirklich für dich bedeutet. Um diese wertvolle Erkenntnis, die du nur aus der Erfahrung der Gegensätze gewinnst, geht es dem großen Ich. Nur wenn du Pannen und Erfolge kreierst, ziehst du optimalen Gewinn aus deinem Leben. Vorausgesetzt, du bist bereit, es auch so zu betrachten. Sobald du das verinnerlicht hast, werden dich Bruchlandungen zwar nicht unbedingt beglücken, aber du wirst sofort wissen, dass jede Niederlage die Startbahn zum nächsten Erfolg darstellt.

Während du dich auf der Spielwiese des Lebens tummelst und dich ganz nach Belieben austobst, bist du natürlich immer die Seele, auch dann, wenn du es vorübergehend gar nicht wissen willst. Du wohnst immer in ihr. Sie bleibt bei dir, ist mit dir und wacht darüber, dass dir, außer ein paar Beulen, nicht allzu viel passiert. Verstehst du?«

»Ja.«

»Sprechen wir jetzt noch ausführlich über deine Person. Deine Persönlichkeit ist immer die Wirklichkeitsebene, die dir beim Denken klar bewusst ist, aus ihr speist sich deine Selbstwahrnehmung. Ausnahmslos alle Entscheidungen fallen auf dieser Ebene, die wir ›Lono‹ nennen. Während deinem großen Ich immer 100 Prozent deines gesamten geistigen Potenzials zur Verfügung stehen, hat dein Lono, das persönliche oder mittlere Selbst, lediglich auf maximal zehn Prozent dieses Potenzials Zugriff. Lono allein kann also nicht sehr viel bewirken. Das höchst wirksame Potenzial des Kane ist zu einem überwiegenden Teil ausgeblendet.«

»Warum?«

»Weil du es so wählst. Du willst ohne dein Kane leben. Du willst einfach ausprobieren, wie es sich anfühlt, für eine Weile auf kleiner Flamme zu kochen. Damit das auch wirklich gelingen kann, nimmst du ein weiteres, höchst interessantes Instrument zu Hilfe, um voll und ganz in die Dualität einzutauchen und dein wahres Ich erst einmal total zu vergessen: dein Ego (Ego = Edge God Out). Es sagt auch ›ich‹, meint aber vor allem den persönlichen Willen, die rein persönlichen Ziele. Natürlich meint es auch deine Person, also den körperlichen Menschen, den Teil von dir, der ein Geburtsdatum und eine spannende persönliche Geschichte aufzuweisen hat, auf die er mehr oder weniger stolz ist.

Dein Ego und dein rationaler Verstand folgen gleichermaßen einem Plan: Sie sind sehr darum bemüht, die Illusion für dich aufrechtzuerhalten, du seiest nichts als ein Mensch. Sie blenden dein wahres Ich gekonnt aus. Dabei ist eines immer ganz klar: Als Mensch gehörst du der Endlichkeit an. Aber davon will dein Ego nichts wissen und lässt dich (für eine Weile) glauben, es kenne alle Wege, um dich wirklich glücklich zu machen. Bis zu einem gewissen Punkt stimmt das auch, denn es kann dir alles Glück bescheren, das du aus allen Formen von Besitz für dich ziehst. Wenn du genügend Energie einsetzt und dich richtig ins Zeug legst, kannst du Berge an Besitztümern anhäufen. Das bedeutet für dich aber auch Folgendes: Alles wandelt sich, nichts ist sicher, nichts lässt sich dauerhaft festhalten, nichts währt ewig. Die einzige Konstante ist der Wandel. Die Wahrheit bleibt dieselbe: Du kannst immer nur dich selbst besitzen, alles andere lässt du hier, wenn du gehst. Jeglicher Besitz ist nur geliehen.

Für eine Weile meinst du vielleicht, dein Leben im Griff zu haben. Du kämpfst, siegst und verlierst, und so geht das immer weiter. Irgendwann gerätst du dann außer Puste, stößt an Grenzen, bleibst irgendwo stecken. Die ständige Anstrengung zehrt dich auf. Du wirst dich fragen: ›Warum? Was zuvor so gut gelang, will einfach nicht mehr klappen. Was ist los? Was habe ich falsch gemacht?‹ Dieser Moment ist so gewollt – und zwar von deinem großen Ich. Sobald du diese Grenzen oft und lange genug erfahren hast, will es dir auf diese Weise sagen: ›Schau doch mal hin! Mach die Augen auf! Du bist an Grenzen gestoßen, aber es gibt auch die Grenzenlosigkeit. Bisher hast du einseitig gedacht und gelebt, dich überwiegend von deinem Ego führen lassen. Jetzt wache doch bitte auf, und schaue auf die andere Seite! Sie hat dir wirklich eine Menge zu bieten. Du bist in der Dualität, auch dann, wenn du es noch gar nicht bemerkt hast. Bring deinen Trumpf mit ins Spiel: Lass dein großes Ich mitwirken. Dein großes Ich will niemals kämpfen, es macht dich nicht müde und laugt dich nicht aus. Das Ego versteht viel von Macht, Kampf, Stolz und Angst. Dein großes Ich hingegen versteht eine Menge von Liebe, Wertschätzung, Respekt und Würde. Deshalb kennt es andere Möglichkeiten, lässt andere Kräfte wirken. Mach dich auf, und erschließe dir diese Kräfte wieder!«

»Mein großes Ich meint es immer gut mit mir, oder? Auch dann, wenn ich immer wieder Mist baue?«

»Es liebt dich bedingungslos und voller Hingabe. Es urteilt und wertet niemals. Es liebt dich unbeschreiblich und will nur eines: dich glücklich wissen. Das ist sein höchstes Ziel. Aber merke dir eines gut: Es führt zwar liebevoll, aber auch sehr bestimmt Regie in deinem Leben – ob du es willst oder nicht.

Du kannst dir eine Menge Eskapaden leisten, es eine Weile völlig ausblenden. Dennoch repräsentiert es 100 Prozent deines reinsten, geistigen Potenzials. Es lässt dich immer und sehr verlässlich wissen, wann es Zeit ist, die andere Seite der Dualität miteinzubeziehen. Damit du endlich wirklich glücklich und zufrieden bist und dein Leben in vollen Zügen genießt. Aber auf diesen Moment brauchst du nicht unbedingt zu warten. Wenn du die eigene Einseitigkeit leid bist, dann kannst du es jederzeit über dein Lono selbst entscheiden.

Um deine Reise in die Dualität auch wirklich zu einem eindrücklichen und möglichst unvergesslichen Erlebnis werden zu lassen, das dich sicher in die ersehnte Erkenntnis führt, hast du dir noch eine weitere Ebene erschaffen: das Unbewusste, von uns ›Ku‹ genannt. Es repräsentiert die restlichen 90 Prozent deines geistigen Potenzials. Diese liegen jedoch im Unbewussten, d.h., du hast keinen direkten, willentlichen Zugriff auf dieses Potenzial.

Dein Ku funktioniert wie ein gigantischer Speicher, wie eine Festplatte. Alles, was du in deinem Leben erfahren hast, ist dort abgespeichert. Alle begrenzenden Entscheidungen liegen dort, alle Urteile und Wertungen, alle Glaubenssätze, alle Ängste, alle Schmerzen und Zurückweisungen. Vor allem aber all die Stress erzeugenden Impulse, die immer wieder Kaskaden von Gefühlen in dir auslösen. Denn Stress erzeugt Angst. Angst kostet dich Energie. Und wenn du beginnst, die Angst zu bekämpfen, wird sie immer größer, noch mehr Energie schlucken und dich noch stärker beherrschen. Weniger Energie heißt zwangsläufig weniger Leistungsfähigkeit, was sofort erhöhten Stress auslöst. Ein Teufelskreis. Die Festplatte sendet ihre gespeicherten Daten, das Programm läuft – ein endloses Replay.

Aber jetzt weißt du ja, dass du wählen kannst. Sobald du dein Ku gezielt über dein Lono zu steuern beginnst, indem du neue Entscheidungen triffst und diese einspeicherst, wirst du das Einsetzen des Replays zwar noch wahrnehmen, ihm aber nicht länger deine Aufmerksamkeit schenken. Du hast entschieden: ›Mein altes Replay, das ich zum jetzigen Zeitpunkt meines

Lebens wirklich nicht mehr brauchen kann, ist unbedeutend für mich. Es läuft zwar im Hintergrund, aber es interessiert mich nicht. Meine volle Aufmerksamkeit richtet sich jetzt auf meine neue Wahl – auf das, was ich jetzt wirklich will.‹

Im Klartext heißt das: Um in den Genuss deiner vollen kreativen Energie zu kommen, willst du einen inneren Säuberungsprozess in Gang setzen. Du musst neue, klare Entscheidungen treffen, um neue Ergebnisse erzielen zu können. Der gesamte Inhalt des Replays muss daraufhin überprüft werden, welche Teile dir davon für eine bessere Zukunft dienen und welche nicht.

Wenn du dein Unbewusstes, deine Festplatte von all den Selbstbeschränkungen gesäubert hast, die dich am Fortkommen, an der Ausdehnung, am Glücklichsein hindern, dann kannst du dein großes Ich wieder klar wahrnehmen, dein gigantisches Potenzial genießen und nutzbringend einsetzen.

Wir folgen diesem System seit Urzeiten. Es ist einfach und wirksam. Es hilft uns, immer voller Lebensfreude und Zufriedenheit zu sein. Aber es will pausenlos vervollständigt werden. Das wiederum wirft die wichtigste aller Fragen auf: Bist du dir selbst diesen pausenlosen Einsatz wert? Bist du dir selbst wichtig genug, um dich in erster Linie um dich selbst zu kümmern? Hat deine Entscheidung, wirklich glücklich zu sein, deine

oberste Priorität? Bist du bereit, deine volle Aufmerksamkeit auf diesen überaus wichtigen Prozess zu richten, aus dem heraus sich alles Weitere erst ergibt?«

»Ja!«

»Dann lass dir sagen, dass diese Arbeit die einzige Arbeit ist, die sich wirklich lohnt. Denn wenn
du diese Erde wieder verlässt, nimmst du dich
selbst mit. Dein großes Ich stirbt nicht, es verlässt lediglich die Materie. In welchem Glauben,
in welcher Befindlichkeit, in welcher Rückver-
bindung das große Ich aussteigt, entspricht der
eigenen Wahl.

Bemühe dich so intensiv um dich selbst, wie
du kannst. Wenn du auf die unerschütterliche
Kraft deines großen Ich vertraust, alles zum Guten zu wenden, dann findest du eine zuvor nie
gekannte innere Stärke. Mit deinem großen Ich
wieder verbunden, ja, verbündet zu sein, steht
über allen anderen Dingen. Sobald die grenzenlose Kraft des Unaussprechlichen wieder voll in
dein Leben hineinwirkt und dich mit Wohlbehagen rundum erfüllt, wirst du auch wirklich neue
Ergebnisse erzielen – beruflich, privat, sozial. Du
wirst dann ein anderer Mensch sein, hast allen
Ballast hinter dir gelassen, fühlst die Freiheit deines großen Ich. Jetzt geht es erst richtig los! Glaube daran, dann ist es nicht nur möglich, dann ist
es auch so!«

Das kleine Ich

*U*m noch besser verstehen zu können, hören wir dem alten Weisen weiterhin aufmerksam zu:

»Bevor dir das kraftvolle Zusammenspiel deiner drei Ebenen klar werden kann, darfst du bitte eines nie vergessen: Der Unaussprechliche liebt dich, weil er Liebe ist. Er liebt dich genau so, wie du bist, und du liebst ihn. Das, was euch ausmacht und verbindet, ist alles, was ist – zarte, reine Liebe, die nichts will, einfach nur ist. Sie entspricht auch deinem tiefsten Wesen. So lautet die ewige Wahrheit. Halte es einfach für möglich, betrachte alles einmal vor diesem Hintergrund, dann wirst du leichter verstehen und das Spiel erkennen, das gerade im Gange ist.

Dein kleines Ich, das wir Lono nennen, repräsentiert deine persönliche Ebene, also dein Tagesbewusstsein, und folgt deinem persönlichen Willen. Wenn du mit deiner Aufmerksamkeit hier verweilst, dann meinst du dich, deinen rationalen Verstand, deinen bürgerlichen Namen, deinen Beruf, deine gesamte Lebensgeschichte, deine Wünsche und Ziele, also alles, was du bis zu diesem Moment über dich selbst weißt.

Dein persönliches Bewusstsein ist mit dem Frontalhirn verbunden, das für die Umsetzung von Informationen im Sinne von Vernunft und Logik zuständig ist. Wirkungsvolle Entscheidungen sind zwar möglich, aber du verfügst hier willentlich nur über 10 Prozent deines gesamten geistigen Potenzials. Um auf dieser Ebene wahrhaft effektive Entscheidungen zu fällen, wirst du dich immer extrem anstrengen müssen.

Jedoch hast du immer die Freiheit zu wählen, kannst aktiv oder reaktiv sein, kannst grummeln und dich ärgern oder freudig und dankbar sein. Du verfügst über die großartige Fähigkeit der Selbstreflektion, kannst also klar ermessen, ob du dein wahres Potenzial ausschöpfst oder noch zulegen willst. Hauptsächlich jedoch wählst du hier, wohin du dein Bewusstsein lenkst. Du triffst hier ausnahmslos alle Entscheidungen. Weiterhin wählst du hier, wie du dich grundsätzlich fühlen willst und welche Einstellung du zum Leben einnimmst. Denn du kannst deutlich wahrnehmen, wie du tust, was du tust. Dabei ist wichtig zu wissen, dass du über deine Gefühle immer und unausweichlich deine Realität gestaltest. Über dein Lono kannst du jederzeit die Entscheidung fällen, deine wahre Natur wiederherzustellen und deine Ängste und Sorgen wieder in Gelassenheit und Zuversicht zu verwandeln. Du entscheidest, dich selbst vollkommen zu heilen oder vielleicht noch ein Weilchen zu warten. Wahrscheinlich hast du in der Vergangenheit gelernt, dass Gott, der Unaussprechliche, oder wie immer du diese Kraft auch nennen willst, irgendwo da oben lebt, jedenfalls weit weg von dir und somit ziemlich unerreichbar für dich in deinen aktuellen Nöten. Du glaubst, dass es so ist. Obwohl es dir im Herzen eher missfällt, glaubst du es. Wahrscheinlich, weil alle es so sagen. Aber die Wahrheit ist niemals ein Mehrheitsbeschluss. Dieses äußerst schmerzhafte Gefühl der Abspaltung, das dir wie ungerechtes Alleingelassensein erscheinen muss und zudem gar nicht der Wahrheit entspricht, ängstigt dich zutiefst. Diese Angst leitet dich viel öfter, als dir bewusst ist. Deshalb ist es so wichtig, die Illusion der Trennung zu erkennen, damit dein großes Ich wieder gemeinsam mit dir wirken kann. Solange du dem Gefühl der Angst glaubst und es für eine real existierende Wahrheit hältst, kann das Vertrauen, die Liebe und Kraft deines großen Ich dich nicht erreichen, um dich zu beglücken und zu heilen.

Aber es gibt noch einen weiteren Aspekt, den du vielleicht beachten solltest: Verweilst du mit deinem Bewusstsein im Lono und verlässt dich auf seine Kräfte, steht dir nur eine Verarbeitungsgeschwindigkeit von 40 Reizen (Informationen) pro Sekunde zur Verfügung. Das ist sehr langsam. Aber das Lono hält eine großartige Fähigkeit für dich bereit: die aktive Imagination. Deine Vorstellungskraft verleiht deiner schöpferischen Energie Gestalt. Über deine Imagination kannst du deine Wirklichkeit verändern. Es ist diese

Vorstellungskraft des Geistes, die dich nach vorne trägt, wenn du sie gezielt einsetzt.

Blickst du mithilfe deiner Imagination in die Zukunft, lass die ersehnten Bilder und Gefühle in allen Einzelheiten kommen, fühle dich intensiv in deine Zukunft hinein, siehe und fühle jedes klitzekleine Detail, so wirst du im Geiste zum Erfinder deiner Zukunft, kannst von hier aus dein Leben immer wieder neu gestalten. Die Schwingung all deiner Gefühle bringt dir dann das in dein irdisches Leben, was du im Geiste bereits erschaffen hast. Die einzige Voraussetzung ist: Du darfst niemals daran zweifeln. Du hast es so entschieden. Genau so ist deine Vision. Glaube an dich selbst! Vertraue dir! Bleibe dabei, und lass dich von alten Gedanken keinesfalls beirren!

Natürlich willst du deine gestalterischen Fähigkeiten ausbauen, sie optimieren. Deshalb steht deinem Lono dein Unterbewusstsein, das wir Ku nennen, liebevoll und kompetent zur Seite. Nur durch deren Zusammenspiel kannst du als Mensch wirklich aus dem Vollen schöpfen.

Man höre und staune: Dein Ku verfügt über eine Verarbeitungsgeschwindigkeit von 20 Millionen Reizen pro Sekunde. Eine äußerst potente Instanz, findest du nicht? Stehst du mit deinem Ku in permanenter Verbindung, kannst du über seine wichtigste Fähigkeit, die Intuition, blitzschnell brillante Lösungen finden, triffst immer ins Schwarze. Arbeiten Lono und Ku als bewusste Einheit, dann erscheinen viele Wunder in deinem Leben. Die einzige Voraussetzung dafür ist Vertrauen.

Deinem Ku ist die Natur eines kleinen Kindes gegeben, während du als Lono natürlich die erwachsene, kluge und weitsichtig führende Instanz bist, die die Übersicht hat und die Kommunikation aufrechterhält. Daraus ergibt sich auch deine natürliche Beziehung zu deinem Ku: Du, die Person, Lono, groß, gescheit, weitsichtig, intelligent entscheidungs- und führungsstark, bist die fürsorgliche Instanz für dein Ku. Du sollst es liebevoll und wertschätzend führen, dich aber auch immer wieder für seine wirklich geniale Leistungsbereitschaft bedanken. So erziehst du es, bindest es in deine Pläne und Ziele ein und kannst ganz sicher sein, dass alles genau so ausgeführt wird, wie du es vorgibst.

Es liebt dich tatsächlich bedingungslos, es ist dein allerbester Freund und Partner, der dich niemals im Stich lässt, der alles unternimmt, um dich zu beglücken. Aber es kann diese Aufgabe nur mithilfe der Informationen erfüllen, die du bereits in seinen Speicher eingespielt hast.

Da es das ›kleine Kind‹ ist, geht es davon aus, dass all das, was du einspielst, auch von größter Wichtigkeit für dich ist. Daher wird es alle Botschaften gewissenhaft und so lange umsetzen, bis du neue Entscheidungen einspielst oder alte revidierst. Es kann nicht unterscheiden, ob etwas mehr oder weniger wichtig ist.

Bei der Umsetzung von Informationen handelt es zwar aus eigenem Ermessen, ist aber durchaus erziehbar und hat große Lust zu wachsen. Es sucht ständig deine Führung. Wenn du ihm nicht bewusst und klar antwortest, wird die Festplatte immer wieder in der vorliegenden Form abgespielt, das bereits erwähnte Replay läuft weiter.

Es ist zudem in jedem Moment deines Lebens um die präzise Erfüllung all seiner Grundaufgaben bemüht: deine Atmung, deinen Herzschlag, deinen Blutdruck, deinen Kreislauf und dein Immunsystem im Sinne deiner vollkommenen Gesundheit zu steuern und gleichzeitig für Entgiftung und Zellerneuerung zu sorgen. Um all das zufriedenstellend zu erledigen, braucht es sehr viel Energie.

Dein Ku hat aber auch das gesamte Erleben der Vergangenheit sorgfältig gespeichert: alle Gedanken und Verhaltensmuster, Bewertungen, Urteile und Schocks, Entscheidungen, Vorstellungen darüber, wie das Leben zu sein hat, ebenso alle Gewohnheiten und Rituale, Ängste, Sorgen, Zweifel, Schmerzen und Schuldgefühle sowie alle Erinnerungen. Dein Gewissen liegt dort und vor allem dein Selbstbild.

Wie immer dieses Selbstbild im Einzelnen wirklich aussehen mag, eines ist relativ sicher: Du hast nicht gelernt, dich selbst ehrlich und aufrichtig, wirklich bedingungslos zu achten und wertzuschätzen. Du hast nicht gelernt, dich selbst zu lieben. Du verurteilst dich viel zu oft, übst Druck auf dich aus oder beschimpfst dich – magst dich einfach nicht so, wie du gerade bist. So trägt das Ku eine unglaubliche Menge Ballast mit sich herum, bemüht sich brav und beharrlich, allen Anforderungen gerecht zu werden, und bemerkt zu seinem Schrecken, dass du trotzdem nicht glücklich bist. Das Ku fühlt sich jetzt vollkommen überfordert, speichert es doch viel zu viele belastende Aspekte, kann seine aufbauende, harmonisierende Liebe nicht schenken. Es fühlt sich schuldig, schämt sich sehr und kappt die allerwichtigste Verbindung in deinem Leben: die direkte Verbindung zu deinem Kane, zu deinem großen Ich.

Gemeinsam mit dem Kane kann dich das Ku sofort energetisch erneuern, dich inspirieren, motivieren, dich Gelassenheit und Zuversicht fühlen lassen, denn dein großes Ich wirkt, wenn nötig, über dein Ku direkt und ohne Verzögerung in deinem Leben. Kane sendet kosmische Kraft, Liebe im Sinne von tiefer Wertschätzung, aus der höchsten und reinsten Quelle direkt zu deinem Ku. Das Ku wiederum wird diesen »Stoff«, aus dem die Wunder gemacht sind, direkt in dein System, in jede einzelne Zelle fließen lassen. Vorausgesetzt, dass du als Lono mit ihm in natürlicher, bewusster Verbindung stehst und die Anweisung gibst, für den ständigen Zufluss kosmischer Energie gerne jederzeit offen und dankbar zu sein.

Ist dies nicht der Fall, steht jede der drei Ebenen allein da, von deinem einigenden Bewusstsein abgeschnitten. Jeder Teil gibt sein Bestes, muss zwangsläufig an seine Grenzen stoßen, verausgabt sich, weil die innere Einheit fehlt, die Schleusen sich nicht öffnen und du nicht erkennst, was tatsächlich möglich ist. Jeder Teil bleibt für sich allein, weil das grenzenlose Potenzial immer noch in Grenzen gehalten wird, befreiende »Befehle« ausbleiben, die Wertschätzung für dieses genial konzipierte Wesen fehlt, das du in Wahrheit bist.

Was nun beginnt, ist ein Trauerspiel: Du erlebst immer wieder Ängste, Begrenzungen, Einschränkungen – Probleme, die kein Ende zu nehmen scheinen. Denn alte Denkweisen halten dich gefangen.

Was fehlt? Dein achtsames, sich erweiterndes Bewusstsein. Es fehlt der bewusst wertschätzende Dialog zwischen den Ebenen, die du mühelos vereinen könntest. Wenn du die drei Ebenen verbinden würdest, würde das Ergebnis so aussehen: Gefühle, die keine Grenzen kennen, Freude, Freiheit, Durchatmen, Expansion, frischer Wind unter den Flügeln ... alles wäre plötzlich wieder möglich.

Wir alle verfügen über das gesamte Wissen aus dem kosmischen Urgrund, das in jeder unserer

Zellen schlummert, über die göttliche Kraft, die das große Ich in jedem Moment für uns bereithält. Denn das Göttliche ist einfach nur: Es ist die Kraft, aus der ausnahmslos alles entsteht. Aber diese Kraft handelt nicht. Wir handeln. Du handelst. Du entscheidest. Alle Macht kommt von innen, aus dir selbst. Deshalb bist du Mensch. Setze diese Kraft in bewusste Handlung um, und du weißt wieder, wer du in Wahrheit bist.

Wir haben alles, was wir brauchen, um uns selbst und unsere Umgebung zu beglücken und zu heilen. Fühlen wir den Frieden wieder in uns, den das ewig Seiende ausstrahlt, dann wird Frieden auch vermehrt in der Welt erscheinen. Unsere Glaubensstrukturen sind der Schlüssel, denn sie bilden die Grundmauern unserer Wirklichkeit.

Ausdehnung

*A*lle großen Dinge im Leben sind einfach, die ganz großen im Besonderen.

Eines ist sonnenklar: Wenn wir keine neuen Informationen einspielen, kann sich auch nichts ändern. Also machen wir den ersten Schritt und besuchen unser Ku, beginnen den dauerhaften Dialog.

Bevor wir unserem Ku tatsächlich begegnen, ist uns klar, dass wir ein Wesen treffen werden, das seiner Natur nach zwar ein kleines Kind ist, dennoch eine eigenständige Wesenheit, die unseren Respekt verdient. Nur über unsere Fürsorge, unsere Aufmerksamkeit, unsere liebevolle Zuneigung können wir es erreichen und lenken.
Unser Ku liebt uns bedingungslos, will alles tun, damit wir wirklich glücklich sind und dieses Leben in vollen Zügen genießen. Es ist ausdauernd, lässt nichts unversucht, ist uns wirklich treu ergeben und würde uns niemals und unter keinen Umständen im Stich lassen. Wir alle haben unser Ku wohl eine Weile ziemlich unbeachtet gelassen, während es um unsere Gesundheit und unser Wohlergehen unermüdlich bemüht war.

Es folgt eine kleine Übung:

Finde einen Platz, an dem du ungestört bist, und atme ein paar Mal tief ein und aus. Entscheide dich dafür, deinem Ku jetzt wirklich begegnen zu wollen. Stelle dir vor, dass du ein kleines Geschenk in Händen hältst, z. B. Blumen, Pralinen etc. Nimm dir etwa 15 Minuten Zeit für ein ungestörtes Gespräch mit deinem Ku, das in etwa wie folgt klingen könnte:

»Hallo, mein liebes Ku. Ich besuche dich heute, um dir endlich einmal für alles zu danken, was du während meines Lebens für mich schon geleistet hast. Du hast stets versucht, Schmerz zu vermeiden und stattdessen Lebensfreude und Lebenslust zu gewinnen. Du hast in all den Jahren immer wieder deine Liebe unter Beweis gestellt, aber ich habe nicht bemerkt, was du alles für mich bewirkt hast. Ich war einfach in meinen Gedanken gefangen.

Deshalb zunächst einmal mein herzlichstes Danke und ein kleines Geschenk als Zeichen meiner ehrlichen Anerkennung. Schau, ich hab dir einen Strauß meiner duftenden Lieblingsblumen mitgebracht, um dir eine Freude zu bereiten. Magst du diese Blumen ebenso wie ich?«

Mache an dieser Stelle eine kleine Pause.

»Es ist mir heute ein echtes Bedürfnis, dir zu sagen, dass ich von jetzt an die Verbindung zu dir pflegen und genießen möchte, mich um dich und deine Bedürfnisse kümmern werde. Aber zuerst möchte ich dich in meine Arme nehmen und dir noch einmal zeigen, dass ich dich und dein Wirken sehr schätze und respektiere. Du hast bereits so unendlich viel für mich getan. Ich danke dir aus tiefster Überzeugung und von ganzem Herzen.«

Lege wieder eine kleine Pause ein.

»Du kennst deine Aufgaben sehr gut und erfüllst sie wirklich perfekt. Mein Job besteht jetzt darin, dich klar zu leiten und dir die aktuellen Informationen zu geben, die du dann sofort für mich umsetzen kannst. In der Vergangenheit habe ich viele negative Gedanken erschaffen, dich damit belastet und alleingelassen. Dennoch hast du unermüdlich gekämpft, dich abgestrampelt. Du warst oft total erschöpft, und ich habe die Zusammenhänge nicht verstanden. Das hat jetzt ein Ende, denn ich übernehme wieder die Verantwortung.

Du hast viele Schocks und Enttäuschungen verdauen müssen. Ich verstehe sehr gut, dass du dich deshalb geschwächt, vielleicht sogar ausgelaugt fühlst. Ich verspreche dir, dass ich zukünftig meine Gedanken sortieren und neu entscheiden werde, was ich wirklich will, damit du entsprechend intensiv für mich wirken kannst und wir beide glücklich und zufrieden leben können.«

Lass etwas Zeit verstreichen, und fühle nach, wie das Ku antwortet:

»Natürlich weiß ich, dass ich dir über meinen Atem Kraft senden kann, damit du immer über mehr als genug Energie verfügst, um all deine vielen Aufgaben optimal zu verfolgen. Ich verspreche dir, morgens, mittags und abends mindestens acht kräftige Atemzüge zu dir zu lenken und meine liebevolle, ehrliche Anerkennung für dich und deine Arbeit gleich mitzuschicken.
Du hast wirklich nichts falsch gemacht, denn ich weiß um deine unermüdlichen Bemühungen. Ich bin stolz auf dich. Ich bin es selbst, der dich mit alten Informationen, die mir jetzt nicht länger dienen, alleingelassen hat. Deshalb verspreche ich dir, mindestens einmal täglich mit dir ein kleines Meeting abzuhalten, bei dem ich dir meine neuesten Absichten mitteile und dich wissen lasse, welches meine nächsten Ziele sind.«

Vereinbare an dieser Stelle eine passende Zeit für diese Meetings, und halte diese dann auch ein.

»Deine Freundschaft bedeutet mir sehr viel, und so werde ich in Zukunft alles tun, damit wir wirklich dicke Freunde werden und uns gegenseitig vertrauen können. Nur gemeinsam sind wir wirklich stark, das erkenne ich jetzt sehr deutlich.

Ich habe noch eine kleine Bitte an dich: Verrate mir doch bitte deinen Namen, denn ich weiß, dass du auf einen wirklich schönen Namen hörst.«

Röschen ♡

Nimm bitte jetzt den ersten Namen, den du innerlich hörst. Denn es ist immer der erste Gedanke, niemals der zweite.

»Danke, mein(e) liebe(r) (verwende hier den Namen deines Ku), danke für dein Vertrauen. Ich werde es nicht enttäuschen. Von jetzt ab sind wir echte Freunde, die sich immer aufeinander verlassen können. Ich rufe dich bei deinem Namen und sorge ab sofort ebenso verlässlich für dich, wie du es schon immer für mich getan hast. Versprochen! Du bist sehr wichtig für mich, und ich bin unendlich dankbar, dass du immer zu mir stehst. Egal, was auch immer geschieht.«

Solltest du körperliche Beschwerden haben, dann kannst du an dieser Stelle dein Ku bitten, mit dir gemeinsam die Heilung zu bewirken. Dazu ist es jedoch nötig, deinem Ku über das Atmen deutlich mehr Energie zur Verfügung zu stellen. Du kannst es fragen, und es wird dir antworten, wie viel Energie es braucht. Nimm dein Ku bitte ab sofort wirklich ernst. Es verfügt tatsächlich über außergewöhnliche Fähigkeiten, denen du einfach vertrauen kannst. Je mehr du vertraust, desto besser kann Ku für dich wirken.

»Mein liebes Ku, ich weiß auch um deine direkte Verbindung zu meinem großen Ich. Vermutlich warst du in der letzten Zeit so müde, mit altem Ballast so angefüllt, dass du diese Verbindung unterbrochen hast. Das soll sich jetzt wieder ändern.

Bitte, liebes Ku, öffne jetzt wieder die Verbindung zu unserem großen Ich, und erlaube der schöpferischen Kraft, jetzt zu uns zu fließen.

Liebes Kane, bitte, besuche du jetzt auch mich, und lass uns alle gemeinsam spüren, welche Kraft du uns wahrhaftig schenkst.«

Lege hier wieder eine Pause ein, und genieße sie.

»Ich habe so lange auf diesen Moment gewartet und bin unendlich dankbar dafür, dich jetzt das erste Mal bewusst zu fühlen und wieder zu wissen, wie es sich anfühlt, mit mir selbst vollkommen im Reinen zu sein, mein natürlichstes Lebensgefühl wieder zu empfinden.«

Lass an dieser Stelle eine weitere Pause folgen.

»Liebe(r) (verwende hier den Namen deines Ku), geliebtes Kane, es ist eine große Freude, eure Gegenwart zu fühlen. Ich danke euch dafür. Bevor ich mich für heute verabschiede, verspreche ich, in ständiger bewusster Verbindung mit euch zu bleiben.

Dich, liebes Ku, will ich nicht länger unnötig belasten und dir täglich deutlich mehr Energie und aufbauende Gedanken zuleiten, damit wir uns mit jedem Tag befreiter und zufriedener fühlen können. Wenn du mir etwas zu sagen hast, was ich aus deiner Sicht beachten sollte, etwas, das für unser gemeinsames Glück wichtig ist, dann sag es mir bitte so laut und oft, dass ich es nicht, wie früher so oft, überhören kann.

Lass uns intensiv verbunden sein. Ich weiß jetzt um dich und deine Bedürfnisse, die ich achten und sorgfältig erfüllen werde. Ich bin jetzt und für immer dein Freund. Wir bleiben über unsere gegenseitige Wertschätzung füreinander fest verbunden. Ich schaue jetzt mindestens zweimal täglich bei dir vorbei, damit wir uns austauschen können. Darauf freue ich mich.

Ich werde die Führung wieder übernehmen, uns von den Umständen befreien, die uns einschränken. Du unterstützt mich darin, felsenfest davon überzeugt zu sein, dass die großartigste aller Möglichkeiten für uns Wirklichkeit wird. Wir bitten Kane um Mithilfe und lassen unser Herz leicht und fröhlich sein. Auch wenn ich mich jetzt verabschiede, kannst du mich immer erreichen. Ich will meine inneren Ohren spitzen und dir zuhören. Danke, dass du da bist. Es ist wunderbar, dich bei mir zu wissen.«

Das Gespräch mit dem eigenen Ku kann etwa in dieser Art ablaufen. Finde deine eigenen Worte, folge deinen eigenen Gefühlen und Anliegen. Gib dir Zeit, die Antworten deines Ku zu fühlen und darauf zu antworten. Vielleicht schämt es sich noch und will erst einmal gar nicht antworten. Bleibe einfach dran, ermuntere es, und lass es wissen, dass dir bewusst geworden ist, welche Bedeutung eure Kommunikation tatsächlich für die Qualität deines Lebens hat.

Da dein Ku ein kleines Kind ist, kannst du natürlich auch mit ihm spielen, es in die Luft werfen, kitzeln und kraulen, ihm Witze erzählen und jede Menge Spaß mit ihm haben. Du kannst ihm auch eine ganze Stunde oder noch mehr Zeit schenken und es fragen, was es jetzt am liebsten von dir hätte. Vielleicht sagt es »Eis essen« oder »Tennis spielen«, »Zeitung lesen« oder »spazieren gehen«. Erfülle seinen Wunsch, und genieße das Bewusstsein, dir selbst gerade mal wieder einen riesengroßen Gefallen zu tun.

Bald werden ihr unzertrennlich sein, und du wirst Vergessenes zurückgewinnen, vor allem die spielerisch leichte Art, mit dir selbst umzugehen. Diese Form der Selbstentfaltung macht uns glücklich, einfach schon deshalb, weil wir uns intuitiv immer danach sehnen.

Das große Ich – die große Liebe

*D*as Geheimnis des Lebens liegt darin, unseren Geist, unser Bewusstsein auf Wachstum und Erweiterung auszurichten. Sobald wir anerkennen, dass unsere Überzeugungen die Qualität unseres Lebens bestimmen, haben wir den Schlüssel zu innerer Freiheit gefunden.

Mit diesem Wissen erschaffen wir uns eine neue Zukunft, eine Zukunft, die die Kraft der Gemeinsamkeit betont und verstärkt. Eine Zeit des immensen Reichtums, weil alle ihren individuellen inneren Reichtum miteinander teilen und ihn gemeinsam nutzen. Eine Zeit, in der zusammenwächst, was in Wahrheit niemals getrennt war. Eine Zeit, in der alle gemeinsam ihre geistige Heimat wiederfinden.

Das Wesen des Kane verwandelt allen Mangel, alle Schmerzen und alle Ängste in ein liebevolles, auf geistige Einheit ausgerichtetes Bewusstsein. Dein großes Ich ist grenzenlose Liebe, Teil des alles erschaffenden Geistes. Es ist reine Inspiration, die Kraft, die unendlich ist, sein Wesen ist ewig und grenzenlos. Es liebt deine menschliche Existenz bedingungslos, beschützt dich pausenlos, lässt dich niemals allein, segnet und führt dich in jedem Augenblick. Diese Wahrheit ist immer dein Schutz.

Es ist und war immer da. Du hast es nur für eine Weile aus deinem Blickwinkel verloren, sein Potenzial nicht wahrgenommen. Es wartet darauf, dass du dich für seine unendliche Weisheit und sein tiefes Mitgefühl zu öffnen beginnst, wieder durchatmest, weil du erkennst, dass dir bereits alles gegeben ist. Du brauchst es nur abzuholen. Solange du es nicht bewusst wahrzunehmen und gezielt einzusetzen bereit bist, wird diese Kraft nicht voll für dich wirken können. Denn du hast einen freien Willen, bestimmst und wählst selbst. Kane ist ein Wesen von höchster Reinheit, liebender Weisheit, Urteilskraft und Güte. Es schützt dich, ist reiner Geist und umgibt und durchströmt dich mit sanftem, heilendem Frieden. Über dein großes Ich kann dich der Unaussprechliche mit seiner Liebe erreichen, denn dein großes Ich entspringt dieser Energie, ist göttliche Gedankenform. Sie wird dir zugänglich, sobald du dein Herz für sie öffnest. Wie schon gesagt, dein Körper wohnt darin, du kannst dich beschützt, mit allem versorgt und geliebt wissen.

Dein Lebensplan liegt in den Händen deines großen Ich, und es wird dich sanft aber bestimmt führen. Wenn du dich von dieser zarten Energie berühren lässt, wirst du all deine Widerstände bald hinter dir lassen, du wirst dir selbst und allen anderen einfach vergeben. Dieser Prozess entspricht einer ganzheitlichen Entgiftung, einer

Befreiung von gedanklichen wie emotionalen Fesseln und erlaubt deinem großen Ich, immer intensiver für dich zu wirken.

Über das große Ich bist du direkt mit dem Meer der unbegrenzten Möglichkeiten verbunden. Entscheidend ist, dass du diese rein geistige Realität ebenfalls als zu dir gehörend anerkennst. Tust du das, bist du sofort mit der universalen, kosmischen Energie verbunden, aus der alles hervorgeht.

Als geistiges großes Ich ohne Verkörperung fühlen wir uns eins und sind folglich im Einklang mit uns selbst. In der Verkörperung, als Mensch, empfinden wir uns dann plötzlich als uneins. Was nun? Immer weiter zwischen zwei Polen stehen und nicht wissen, was richtig ist?

Die gute Nachricht ist, dass wir in diesem Zustand wählen können. Wir können wieder eins werden, wenn wir unser Bewusstsein mit dem großen Ich verbinden, uns unserem tiefsten Wesen wieder anvertrauen.

Das große Ich ist pure Wahrheit, geistige Vollkommenheit und Einklang. Es geleitet zurück zu Frieden, Ruhe, Stille, unendlicher Weite und ebenso unendlichen Möglichkeiten. Kein Kampf. Keine Anstrengung. Keine Ängste. Keine Sorgen. Dies und noch viel mehr entspricht der Natur meines großen Ich. Und mein menschliches, mein kleines Ich darf jetzt endlich ebenfalls dort ankommen.

Wir sind eingeladen, über unser Bewusstsein in diese Ebene einzutreten, diese uns wirklich entsprechende Welt wieder für uns in Besitz zu nehmen und auch das kleine Ich mit einzubeziehen.

Wie ist es? Willst du dich entscheiden? Dann kannst du dem Sinne nach z. B. Folgendes sagen: »Ich entscheide jetzt, dass ich dessen würdig bin und es immer war. Ich will jetzt meinen Platz in der kosmischen Ordnung wieder einnehmen.
Ich habe auch all meine Sorgen dabei, meinen gesamten Ballast an Schmerzen und schlechten Erfahrungen, meine Ängste und Zweifel. Einfach alles, was ich bin. Denn das alles gehört zu mir. Hier geht es nicht länger darum, was richtig oder falsch ist, gut oder schlecht. Es gibt nichts, was ich loslassen, verbessern, bereinigen oder verändern muss. Denn hier kann ich all meinen Ängsten und Nöten mit Liebe begegnen. Nur so kann ich (mich selbst) heilen.
Hier darf alles sein, und alles ist gleichermaßen willkommen, weil alle Dinge meinen Respekt verdienen, denn sie haben mir gedient. Jede Andersartigkeit ist integriert. Hier bin ich frei von äußeren Erscheinungsformen, frei vom Zwang der Bewertungen und Urteile. Ich treffe meine Wahl aus meinem urteilsfreien, aber klaren

Unterscheidungsvermögen. Ich verwandle alle Schmerzen durch die Erkenntnis, dass es immer an mir liegt, wie viel Liebe ich zulasse und mir selbst schenke.

Ich sehe nun überdeutlich, was mich schwächt und was mich stärkt. Von nun an wähle ich ausschließlich, was mich aufbaut. Ich kann bewusst unterscheiden. Meine schöpferische, kreative Energie ist wieder im Fluss, und so erschafft sich das Leben, das ich wirklich leben will. Aus dieser Kraft heraus treffe ich all meine Entscheidungen.«

Die Kane aller Menschen bilden zusammen eine übergeordnete, heilige Gemeinschaft. Sie sind in vollkommener Liebe miteinander verbunden. Über unsere eigene, bewusste Verbindung zum großen Ich können wir jedem anderen Menschen Kraft und alle nur denkbaren wertschätzenden Impulse senden. Das große Ich jedes Einzelnen wird entscheiden, ob und wann es diese liebevollen Kräfte an das Bewusstsein der Person weiterleitet.

Das Wesen von Kane entspricht der Einheit, nach der wir uns als Menschen sehnen. Sie ist immerwährende Realität jenseits der Zeit. Wie bringen wir nun diese Einheit in uns zustande? Alles Große ist einfach. Also auch dies.

Alles Große ist einfach.

Kapitel 4

Es gibt nichts Gutes, außer man tut es!

Erich Kästner

Zu leben bedeutet zu lieben!

Lauschen wir noch ein bisschen den Worten des alten Weisen: »In unserer uralten Tradition, der wir bis heute folgen, weil sie uns seit vielen Jahrhunderten Frieden schenkt, Lebensfreude und stilles Glück, beginnen wir niemals unseren Feierabend, ohne ein Ho'oponopono* zu zelebrieren. Denn erst, wenn wir unsere innere Harmonie wiederhergestellt haben, können wir unser Essen und die gemeinsamen Stunden genießen, weil nichts mehr zwischen uns steht – auch nicht der kleinste trennende Gedanke.

Ho'oponopono bedeutet dem Sinne nach ›mich mit dem Unaussprechlichen, meinem großen Ich wieder in vollkommene Übereinstimmung bringen‹. Da wir als Menschen aber immer wieder einmal aus Unachtsamkeit dieses Bewusstsein verlassen, wollen wir auch täglich die Gedanken und Gefühle heilen, mit denen wir uns selbst und andere belasten. Hat es lieblose Worte, Gedanken oder Handlungen gegeben? Wir wollen sie täglich einmal verwandeln; wir empfinden dieses Tun als unsere vornehmste Aufgabe. Spätestens am Abend nimmst du die Verantwortung

---

* Siehe auch: Suzan Wiegel: *Die Botschaft der Kahunas. Mit dem uralten Wissen aus Hawaii ein glückliches Leben führen.* Schirner Verlag 2006; *Die Heilkraft der Kahuna-Medizin. Weisheit und Natur.* Schirner Verlag 2007

für all deine Gedanken wieder zu dir zurück. Denn du allein hast sie gewählt, bist ihnen gefolgt. Wenn sie dir nicht guttun, dann solltest du sie schnell heilen. Dein Ku speichert alles, vergiss das bitte nie!

Ab jetzt willst du Gedanken und damit eben auch Gefühle erschaffen, die dich aufbauen, bestätigen, dir Selbstvertrauen schenken und Zuversicht. Dein großes Ich freut sich darauf, dich zu bereichern, denn es hält jede Menge lebenserneuernder Gefühle für dich bereit. Dabei geht es vor allem darum, deine Festplatte, dein Ku von seinem Uraltprogramm ›mein Selbstbild und mein Selbstwert‹ zu erlösen. Es geht weder darum, alte Programme als falsch zu bezeichnen, noch darum, sie endlich loszuwerden. Jedes Urteil wäre eine weitere Verletzung und brächte dich nicht in Einklang mit dir selbst. Das Gefühl, nicht gut genug zu sein, würde bleiben. Darum ärgere dich bitte niemals darüber, dass du dich über dich geärgert hast. Das ist nicht der richtige Weg. Denn alles, was du erlebt hast, alles, was du gedacht, gesagt und getan hast, gehört zu dir. Du hast es getan, weil du es für richtig hieltest.

Wenn du jetzt erkennst, dass du zuvor Entscheidungen getroffen hast, die du nun ganz anders fällen würdest, dann sei einfach nur dankbar für diese Erkenntnis. Sei dankbar, dass dein Bewusstsein inzwischen gewachsen ist und dass du jetzt eine andere Perspektive einnehmen kannst. Du bringst dich selbst immer nur in Einklang mit dir selbst, wenn deine Absicht klar und vor allem liebevoll ist. Wenn deine Absicht innere Harmonie oder Frieden ist, dann kannst du nicht Teile von dir einfach loswerden wollen. Sie sind doch dein eigenes Werk. Also stehe zu ihnen, sie sind ein durchaus wertvoller Teil von dir, und atme sie dankbar in dein Herz. Dort dürfen sie sich jetzt, bildlich gesprochen, ausruhen. Dort sind sie anerkannt, gewürdigt und geachtet für die Leistung, die sie erbracht haben. Schließlich hast du durch diese Erfahrungen mehr verstanden, als dies zuvor der Fall war. Nur so entsteht wieder Einklang. Du hast nichts falsch gemacht. Du bist kein Verlierer. Kein Dummkopf. Du bist weder unmoralisch, nicht liebenswert, unwürdig, unfähig noch fies oder Ähnliches. Das alles sind Urteile, die dem alten Programm der Trennung entspringen und dich, solange du ihnen folgst, leider auch in ihnen festhalten. Erkenne sie als deine Gedanken an. Achte sie, weil sie effektiv waren. Aber denke sie nicht immer wieder. Leite sie dem Wesen des großen Ich zu, und heile sie mit deiner Liebe. Es ist die einzige Kraft, die das wirklich kann.

Möchtest du dich neu ausrichten? Dann rufe dir Folgendes ins Bewusstsein: Du hast versucht, für eine gewisse Zeit ohne die Quelle deines Seins auszukommen, ohne dein großes Ich.

Mache dich bereit, all deine Verletzungen lange genug auszublenden, um dich zu öffnen für das große Ich, das unvorstellbare Reichtümer für dich bereithält und dein ganzes Wesen verwandeln möchte. Öffne dich für die Kraft des ganzen Universums und besonders dafür, dass du es wert bist, dieses gigantische Potenzial über dein großes Ich zu spüren und dich davon durch dein Leben tragen zu lassen. Jetzt bist du wieder offen für alle nur möglichen Wohlgefühle und ein Leben, das immer weniger Grenzen kennt. Blicke nach vorn.

Liebe ist immer die Antwort. Der Unaussprechliche, der gesamte Kosmos, ist nichts als diese Liebe, die einfach nur ist, alles beseelt, nichts will, alles erfüllt. Deshalb will deine Antwort ab jetzt ebenfalls Liebe sein. Denn du wirst diese alles umfassende Liebe in Handlung verwandeln und so erfahren, dass auch du nichts als diese Liebe bist.

Wann immer du dich unwohl fühlst, liegt ein Mangel an Liebe vor. Wenn du das erkennst, dann wird es ganz einfach: Füge wieder Liebe hinzu. Genau das nennen wir Ho'oponopono. Es ist das effektivste Lebenselixier, das es gibt – immer verfügbar, immer anwendbar, immer heilsam und niemals verletzend.«

Ho'oponopono für dich selbst

*D*as große Ich ist der Chef in deinem System, niemand sonst.

Sorge dafür, dass du für mindestens zehn Minuten Ruhe hast und nicht gestört wirst. Wenn du willst, zünde eine Kerze an, dann atme ein paar Mal tief und ruhig in dein Herz. Die folgenden Sätze solltest du laut oder zumindest halblaut aussprechen, weil sie dann mehr Kraft entfalten. Wiederhole sie immer wieder, bis du ehrlich fühlst, dass sie für dich wahr sind.

Erste Entscheidung: »Alles, was ich an Erinnerungen in mir trage, gleichgültig wie schmerzhaft sie sind, nehme ich jetzt liebevoll in meine geistigen Hände. Ich kann den Schmerz spüren, und ich will ihn heilen. Danke, dass ich dazu in der Lage bin.«

Zweite Entscheidung: »Alles, was ich erschaffen habe, liegt in meiner eigenen Verantwortung. Auch wenn ich es damals nicht wusste, nehme ich jetzt die volle Verantwortung zu mir zurück. Ich bin immer der Schöpfer«

Dritte Entscheidung: »Ich lenke jetzt meine volle Aufmerksamkeit auf mein großes Ich. Alles, was ich nun entscheide, geschieht gemeinsam mit meinem großen Ich. Diese Kraft wirkt jetzt für mich, ich spreche diese Worte im Namen meines höchsten Seins und danke für die Unterstützung.«

Du fühlst dich jetzt erneut in der Situation oder in dem Gefühl, das dich schon lange belastet. Vielleicht ist es Angst, Unsicherheit, Ärger, Wut oder Verletztheit.

Nun beginnt die eigentliche Heilung, das Ho'oponopono:

Atme tief ein, behalte den Fokus bei, und sprich zu deinem Lono, zu deinem Ku, zu deinem Herzen, zu deinem ganzen Sein, besonders jedoch zu diesem Gefühl:

> *»Ich bin mit meiner Aufmerksamkeit ganz bei dir,*
> *fühle dich intensiv. Ich nehme wahr, erkenne,*
> *wie du dich fühlst.*
> *Ich liebe dich.«*

Atme weiterhin tief, und sei dir bewusst, dass das gesamte Universum jetzt mitwirkt.
Wiederhole diese Sätze, bis du beginnst, diese Liebe wirklich zu fühlen. Du wirst bemerken, wie langsam wieder Harmonie in die Situation zu fließen beginnt und sich Ruhe und neue Kraft

in dir ausbreiten. Bleibe bitte so lange bei dieser Übung, sprich sie immer überzeugter, bis ein Lächeln auf deinem Gesicht erscheint, du dich wieder wohl in dir fühlst.

Es ist möglich, dass bei tief greifenden Erinnerungen diese Übung vielfach wiederholt werden muss. Aber das bist du dir wert, nicht wahr? Lege dich jetzt ordentlich für dich selbst ins Zeug. Bleibe dran, gib nicht auf! Du beginnst gerade, dir selbst eine neue Zukunft zu schenken.

Es mag sein, dass dein Ego zu Beginn der Übung protestiert, deine Gedanken und Gefühle sich weigern und wehren. Nimm die Einwürfe des Egos zur Kenntnis, verdränge sie nicht, denn das Ego kann noch nicht anders. Lass diese Widerstände gleich in deine Worte mit einfließen. Bald fühlst du mehr und mehr Frieden und Harmonie, die sich in deinem Inneren auszubreiten beginnen, und wirst dich selbst immer mehr mögen.

Das große Ich schenkt uns über das heilsame Ho'oponopono eine individuelle, unzerstörbare und immer erreichbare Hotline zum kosmischen Urgrund, über die du stets direkt Antworten erhältst. Du hörst sie vielleicht nicht, aber du spürst sie. Rückblickend verstehst du immer tiefer, dass es niemals etwas anderes zu tun gibt, als Liebe hinzuzufügen, sobald du dich unwohl fühlst.

Wenn wir das tief im Inneren wirklich wollen, dann geschieht es augenblicklich, innerhalb des nächsten Herzschlags. Je intensiver du es erlaubst, desto schneller trägt dich dein großes Ich zurück in das uralte, so vertraute Gefühl von Geborgenheit, unendlicher Sicherheit und stillem Frieden.

Lege all deine Intensität in deine Worte, all deine Überzeugung und Willenskraft! Lass einfach nicht nach, bevor du das Gefühl wahrnimmst, das dich beglückt! Nie mehr weniger als das.

Ho'oponopono für unser Unbewusstes

*D*u weißt ja, dass dein Ku eine unglaubliche Menge alten Ballast gespeichert hat und ziemlich schwer daran trägt. Natürlich liegt es in deinem Interesse, dein Ku zu entlasten, damit die frei werdende Energie deine neuen Gedanken weit nach vorn trägt. So wirst du bald nicht mehr auf die Idee kommen, das Erreichen deiner neuen Ziele selbst in Frage zu stellen.

Da das Ku jedoch das Unbewusste repräsentiert, auf das du willentlich nicht direkt zugreifen kannst, kannst du es von diesem Ballast auch nicht so leicht befreien. Hier ist Geduld angesagt. Was ist Geduld? Geduld ist eine Schwester der Liebe. Verstehst du? Sei geduldig mit dir! Auch dann, wenn du es nicht gelernt hast. Aber du bist es wert, dir selbst Liebe in allen Variationen zu schenken, da sind wir uns doch einig, oder?

Wenn du eine tief greifende Veränderung in dir bewirken willst, dann wirst du ins Zellgedächtnis gehen, in das Innere des Speichers von Ku. Denn durch unsere frühkindlichen Sinneserfahrungen hat eine unbewusste Festlegung stattgefunden, die uns so lange in dieser festgelegten Realität fixiert, bis wir eine bewusste neue Entscheidung einspielen. Diese wiederum muss vielmals wiederholt werden, damit sie wirksam sein kann.

All deine begrenzenden Erfahrungen haben spezielle, innere Instanzen erschaffen. Diese hast du zwar damals dringend benötigt, um bestimmte Erfahrungen auch wirklich erleben zu können, heute sind diese Instanzen jedoch nicht länger hilfreich, weil sie nur die alten Informationen wiederholen und damit neue Erfahrungen vehement verhindern.

Stelle dir einmal vor, du wärest als Kind immer wieder für etwas bestraft worden, was du selbst gar nicht nachvollziehen konntest. Du hast z. B. einfach immer spontan und oft ungefragt die Wahrheit gesagt. Es war deine Wahrheit, du hast es so gefühlt, und deshalb hast du es auch gesagt. Für dich war das eine klare, ehrliche, aufrichtige Selbstverständlichkeit.* Die Erwachsenen, die um deine Erziehung bemüht waren, wollten das aber vielleicht nicht hören, sich nicht damit beschäftigen. Oder sie waren der Meinung, du seist vorlaut, und es wäre daher ihre erzieherische Pflicht, dir diese Spontaneität nachhaltig abzugewöhnen. Deshalb bist du ausgeschimpft oder gar bestraft worden. Aber du wusstest nie wirklich warum. Erklärungen, die du nachvollziehen konntest, gab es nicht.
Dein Ku hat also brav abgespeichert, dass, wenn du deine Wahrheit sagst, du dafür bestraft wirst.

---

* Siehe auch: Bruce Lipton: *Intelligente Zellen. Wie Erfahrungen unsere Gene steuern.* Koha Verlag 2006

Fortan wirst du gut überlegen, wann du ausdrückst, was für dich deine Wahrheit ist, weil du Angst vor Bestrafung entwickelt hast. Jetzt hast du eine Instanz in dir, die sich zeitlebens melden wird, sobald es um den Ausdruck deiner Wahrheit geht. Diese Instanz ist die Angst vor Strafe.

Es ist jetzt zwar niemand mehr da, der dich bestrafen will, denn du bist ja lange erwachsen. Aber diese Instanz sorgt dafür, dass du dich, hörst du auf sie, jetzt ersatzweise selbst bestrafst, weil du der Instanz unreflektiert glaubst und aus Angst nicht sagst, was du wirklich fühlst. So fixierst und konditionierst du dich immer weiter in einer Realität, die diese Instanz erschafft, die aber eigentlich gar nicht mehr existiert.

Was kannst du tun, um dich davon zu befreien? Die Antwort ist einfach: ein Ho'oponopono.

Sobald du diese alte Angst in der nächsten Situation wieder spürst, kannst du beginnen, sie zu heilen. Dir ist klar, dass sie nicht in deine Gegenwart gehört, sie behindert und begrenzt dich. Dir ist auch klar, dass sie ein Teil von dir ist, über den du eine Erfahrung machen konntest. Um sie zu heilen, braucht sie im ersten Schritt deine Anerkennung, deine respektvolle Wahrnehmung, denn was ihr fehlt, ist dir auch klar: Liebe.

Also begegnest du bei der nächsten Gelegenheit deiner Instanz, deiner Angst vor Strafe, nicht mit

Ablehnung oder Entnervtsein, aber auch nicht mit Gehorsam, indem du ihr folgst. Du entscheidest dich neu, weil du dich von alten Denkmustern nach und nach respektvoll verabschieden willst:

Beziehe jetzt dein großes Ich mit ein, diese grenzenlose Kraft ohne Anfang und ohne Ende. Bringe Liebe dorthin, wo keine ist. Fühle deine Angst vor Strafe, und fühle auch, wie gestresst diese Instanz wirklich ist. Konzentriere dich jetzt auf diese alte Instanz, und sprich sie an:

> *»Ich nehme wahr, wie du dich fühlst.*
> *Ich sende dir all meine Liebe.*
> *Du gehörst zu mir.*
> *Danke.«*

Sprich halblaut oder laut mit deiner Instanz, und lass deine Worte deine Wahrheit sein. Du weißt, dass dein großes Ich und das gesamte Universum jetzt mitwirken und dein gesamtes genetisches Potenzial aktivieren. Du bist dankbar für diese Mithilfe und sprichst deine Sätze immer überzeugter.

Du kannst fühlen, wie sich dein Stress langsam zu lösen beginnt, wie Angst und Stress immer kleiner werden. Bleibe dabei, bis du das Gefühl zurückgewonnen hast, das du Wohlbehagen nennen kannst. Sage noch ein weiteres Mal

»Danke« zu deinem großen Ich, und genieße deine schöpferischen Fähigkeiten.

Sehr wahrscheinlich wird diese alte Instanz sich immer wieder einmal melden, aber mit jedem Mal etwas schwächer sein. Das ist nur natürlich, und ebenso natürlich ist es, ihr immer wieder ein Ho'oponopono zu schenken – so lange, bis sie ganz geheilt ist.

Aufgrund unserer frühkindlichen wie auch späteren Sinneserfahrungen haben wir eine ganze Reihe solcher Instanzen in uns erschaffen, die sich bei entsprechenden Impulsen von außen augenblicklich melden und durchaus übermächtig sein können. Wenn du das Gefühl hast, dass du von der einen oder anderen Instanz wirklich behindert wirst, dann fahre einfach fort, alle inneren Beschränkungen auf diese Weise zu neutralisieren und zu heilen. Der alte, weise Kahuna bezeichnete diese als die einzige Arbeit, die sich wirklich, dauerhaft und mit Sicherheit lohnt.
Vielleicht hast du ja Freude daran, deine inneren Instanzen ausfindig zu machen und zu überprüfen, ob sie dir in der Gegenwart dienlich sind oder eher nicht. Vielleicht hilft es dir, ein paar Anregungen zu erhalten? Deshalb lasse ich an dieser Stelle eine Liste folgen, die keinesfalls vollständig ist, dich aber auf die richtige Spur bringen kann.

Innere Instanzen können heißen:

der Perfektionist
der Kontrolleur
der Unwürdige
der Dumme
der Taugenichts
der Rebell
der Kämpfer
der kleine Angsthase
der Zweifler
der Stolze
das Opfer der Umstände
der Angreifer
der Überflieger
....

Bleibe innerlich immer auf dein großes Ich aus-
gerichtet. Tue in jedem Moment, was du tun
kannst, und tue es mit Begeisterung, denn: Liebe
ist immer die Antwort.

Ho'oponopono mit dem Ego

Es kommt ja fast täglich vor, dass wir uns über irgendjemanden oder irgendetwas ärgern. Es gehört wohl zum normalen, alltäglichen Erleben. Ist uns klar, warum dieser Ärger auftaucht? Ist uns klar, was wir tatsächlich in Gang setzen?

Es ist immer nur das Ego, das sich ärgert. Es hat eine Selbstbezogenheit entwickelt, die mindestens der Empfindsamkeit einer Mimose gleicht. Und es pflegt eine ganz besondere Vorliebe: Das Ego liebt das Drama. Alles, was dem Ego nicht schmeichelt, darf einfach nicht sein. Und schon erscheint das nächste Drama im Drehbuch unseres Lebens. Sobald wir uns selbst ein Drama erschaffen oder ein Problem gedanklich zum zentralen Punkt erheben, verlieren wir massenweise Energie. Sobald wir keinen emotionalen Abstand zum Geschehen herstellen können, fühlt sich das Ego heftig angegriffen, verletzt oder gedemütigt. Es wehrt sich massiv. Wieso kann das Ego keine andere Meinung neben seiner dulden? Wieso will es immer recht haben? Wieso will es stets siegen? Wieso will es ständig gelobt werden? Wieso kämpft es andauernd darum, der/die Beste zu sein? Wieso ist es beleidigt, tobt oder wütet, wenn es nicht bekommt, was es will? Und wieso will es immer mehr haben und bekommt den Hals doch nie voll? Wieso denkt es immer in der passiven Form? Es will geliebt werden, anerkannt werden, gesehen und gelobt werden. Es will ununterbrochen haben, geben will es nichts. Warum?

Die Antwort ist einfach: Es weiß um seine Machtlosigkeit, seine Endlichkeit. Es tut all dies, um für kurze Zeit eine Macht fühlen zu können, die es nicht wirklich hat. Es will nicht wahrhaben, dass es zeitlich begrenzt ist und sterben wird. Es will die Angst nicht fühlen, die zu seiner Natur gehört. Und deshalb kann es auch mit diesem Spiel nicht aufhören. Es muss sich einfach dauernd selbst beweihräuchern. Es spielt uns eine Realität vor, die nur so lange existieren kann, wie wir sie nicht durchschauen. Und genau das ist auch seine Aufgabe. Seien wir ehrlich: Es macht einen wirklich guten Job.

Wenn wir zum Ego hinspüren, fühlt es sich meist an, als würde es vor lauter Anstrengung am liebsten in die Knie gehen. Aber das geht natürlich auch nicht, denn die Show muss ja weitergehen. Durchhalten lautet die Parole. Sein Problem ist, dass es die gebende Liebe nicht kennt.

Schon Friedrich Schiller hatte es erkannt: »Erst wenn der Mensch seinen Verstand durch sein Herz ausdeutet, wird sich unsere Welt verbessern.« Deshalb kann die Frage nur lauten: Wie will ich mich fühlen?

Ein ausgepowertes Ego bedarf unserer Hilfe. Wir kennen nun die Lösung: ein Ho'oponopono. Lenke deine Aufmerksamkeit auf dein Ego, und nimm wahr, dass es sich gestresst fühlt. Es tut alles, um dich davon zu überzeugen, dass nur es allein dich zu deinem Glück führen kann. Das Ego glaubt fest daran, du selbst inzwischen wohl etwas weniger. Dennoch nimmst du die Anstrengung wahr, die Erschöpfung, und du empfindest Mitgefühl.

Sprich laut, klar und deutlich diese Worte zu deinem Ego:

> *»Ich nehme wahr, wie du dich fühlst.*
> *Ich sende dir meine Liebe.*
> *Du machst einen wirklich guten Job.*
> *Fühle jetzt den Segen,*
> *der von meinem großen Ich zu dir kommt,*
> *und ruhe dich mal aus!*
> *Du hast es dir verdient.«*

Wiederhole die Sätze so lange, bis du wieder ein Lächeln im Gesicht oder dein erleichtertes Aufatmen spürst.

Natürlich kannst du die Übung auch deinen Freunden und Bekannten empfehlen. Du kannst sie auch gemeinsam mit ihnen sprechen, es bringt mehr Kraft und wunderbare Ergebnisse.

Denke drei Gedanken immer wieder, bis sie zu deiner felsenfesten Überzeugung geworden sind:

Erster Gedanke: Ich erlaube mir, jederzeit mit dem Unaussprechlichen vollkommen verbunden zu sein. Sein Wesen wirkt vollkommen in mir für meinen Frieden und alle Gefühle, die mich beglücken.

Zweiter Gedanke: Ich erlaube es mir besonders deshalb, weil ich verstehe, dass diese Veränderung im Denken gleichzeitig die Basis kosmischer Evolution ist, die ich erfahren will.

Dritter Gedanke: Dabei ist mir bewusst, dass ich ein globales Wertesystem mit erschaffe, das mir und allen Menschen dient und für uns alle einen Raum schafft, in dem es mehr Lust und Freude bereitet zu leben.

Ho'oponopono im Alltäglichen

Eine Familie ist dann eine kraftvolle Familie, wenn die Mitglieder in ihren Herzen und Absichten weitestgehend übereinstimmen, wenn alle ähnlich fühlen, gleiche Absichten verfolgen.

Der alte Weise hatte mir dazu einmal Folgendes gesagt: »Wir lieben die geistigen Familien – die Menschen, die miteinander leben, weil sie auch tatsächlich beisammen sein wollen. Sie gehen verständnisvoll miteinander um, bauen sich gegenseitig auf, sind immer hilfsbereit und teilen ihre Freude. Sie fällen keine Urteile übereinander, weil sie wissen, dass alle Menschen Fehler haben. Alle sind gleichermaßen liebenswert.«

Dazu die folgende Geschichte, die ich selbst erleben durfte:
Es wurde mir die Ehre zuteil, innerhalb des Clans, in dem der alte Weise lebte, ein paar Tage zu verbringen. Am ersten Vormittag, fast alle waren bereits zu ihrem jeweiligen Arbeitsplatz unterwegs, erschien frühmorgens die Polizei und wollte das Oberhaupt der Familie sprechen. Dabei kam heraus, dass ein junger Mann, Mitglied dieser Familie, in der vergangenen Nacht ein Moped gestohlen hatte, um schneller nach Hause zu kommen. Kimo, der junge Mann, schlief noch,

weil der Rausch des gestrigen Abends wohl noch nicht verflogen war.

Der Meister weckte ihn aber nicht, sondern griff zunächst zum Telefon. Er rief alle Familienmitglieder sofort zusammen. Sie trafen auch alle innerhalb einer halben Stunde ein. Keiner wäre auf die Idee gekommen zu sagen, er müsse erst seine Arbeit beenden. Für sie gab es nichts Wichtigeres, als für ein Familienmitglied da zu sein, wenn es wirklich nötig war. Kann es überhaupt etwas Wichtigeres geben, als dem Nächsten den Rücken zu stärken? Nein. Für alle Familienmitglieder hatte dieser Gesichtspunkt oberste Priorität.

Während sie sich versammelten, wurde nicht geredet, problematisiert oder gar vorverurteilt. Lächelnd aber schweigend setzten sich alle in einem Kreis zusammen. Kimo nahm in der Mitte des Kreises Platz. Der Älteste begann zu sprechen: »Kimo, mir fällt gerade ein, wie hilfsbereit du doch immer bist. Erst gestern hast du der alten Frau über die verkehrsreiche Straße geholfen, weil die Ampeln ausgefallen waren. Sie wäre sonst möglicherweise überfahren worden. Sobald du eine freie Minute hast, bist du bereit, auf die Kleinen aufzupassen und spielst mit ihnen. Du weißt, wie sehr sie dich lieben. Mir hast du erst vor einer Woche geholfen, mein altes Auto wieder flottzukriegen, was ich ohne deine Hilfe niemals geschafft hätte.«

Und so ging es weiter. Der Älteste zählte aus seiner Erinnerung alles auf, was Kimo während seines bisherigen Lebens Gutes bewirkt hatte, wann er sich hilfsbereit, offen und liebevoll gezeigt hatte. Er durchsuchte sein Gedächtnis so lange, bis ihm wirklich nichts mehr einfiel. Dann erst sprach das nächste Familienmitglied und zählte alle guten Taten auf, die ihm in den Sinn kamen. Die Reihe setzte sich fort, bis alle wirklich alles ausgedrückt haben, was sie Gutes über Timo zu berichten wussten. Timo saß in der Mitte und bedankte sich bei jedem Einzelnen. Dann lächelte er, verbeugte sich und verließ den Kreis.

Der Älteste wandte sich mir zu: »Hast du verstanden?« Ja, ich hatte verstanden. Mir standen die Tränen in den Augen, weil ich zum ersten Mal in meinem Leben eine wirklich menschliche Runde erlebt hatte. Timo hatte von jedem Familienmitglied echtes Mitgefühl geschenkt bekommen. Er gehörte dazu, war nicht verurteilt oder ausgegrenzt worden. Die Liebe wurde ihm nicht entzogen, niemand war von ihm enttäuscht. Strafe war nicht einmal ein Gedanke gewesen. Jeder Mensch macht Fehler, und alle waren sich dessen bewusst. Einander deshalb Vorwürfe zu machen, würde bedeuten vorzugeben, selbst niemals Fehler zu produzieren. Und das wäre eine Lüge. In dieser Familie wurde eine klare Wahl getroffen: Verständnis, Mitgefühl und

Bestätigung des wahren Wesens, also die klare Entscheidung für die Wertschätzung des ganzen Menschen, von dem nur einem kleinen Teil ein Ausrutscher passiert war.

So wurde Timo in Erinnerung gerufen, in wie viel Liebe er eingebettet war und wie viel er jedem Einzelnen bedeutete. Er wusste sich innerlich immer dazugehörig und im Außen von selbstverständlicher Liebe getragen und beschützt. Sein Selbstwertgefühl, sein Selbstbild, seine Welt blieben heil.

So konnte er die Strafe, die ihm durch die Polizei zuteil wurde, anders verarbeiten und akzeptieren. Er fühlte sich nicht permanent schuldig oder ausgegrenzt, sondern erkannte, dass er durchaus fähig war, bewusster zu handeln.

Betonen wir die aufbauenden Energien, dann können wir weiterwachsen. Für alles, was langfristig gut für alle ist, dafür setzen wir uns immer ein. Indem wir die positiven Gefühle verstärken, stärken wir uns selbst und alle anderen. Wir denken und handeln nicht gegen- sondern miteinander. Alle haben das Recht, glücklich zu sein, und wir werden unser gemeinsames Glück, unsere Zufriedenheit und Lebensfreude immer weiter kultivieren. Nichts ist wichtiger als das.

Die unausgesprochene, aber jeden Augenblick praktizierte Absicht, die diese Menschen verbindet, lautet: Niemals weniger als das! Das bedeutet: Niemals weniger, als glücklich sein. Dafür fühlen sich alle gemeinsam verantwortlich. Das Ergebnis ist überwältigend.

Was ich damals überaus eindrücklich erfuhr, war die praktische Anwendung und Auswirkung eines Ho'oponopono im Alltag. Dieses tat allen Beteiligten gleichermaßen wohl. Und selbst die, die nur davon hören oder lesen, wissen im Inneren, dass es genau so sein kann. Wir können es jederzeit so halten.

Ho'oponopono mit anderen

*N*un kommt es ja im täglichen Leben durchaus vor, dass wir einander wenig liebevoll begegnen. Was auch immer die Gründe dafür sein mögen, es tut uns nicht wirklich gut.

Das animiert dazu, diese unguten Gefühle, sobald sie bemerkt werden, sofort auszugleichen. Nehmen wir an, irgendjemand hat dir einen ungerechtfertigten Vorwurf gemacht, dich beschuldigt, beleidigt, gemobbt oder anderweitig verletzt. Natürlich schmerzt das, und es wurmt dich auch. Vielleicht bist du sogar schrecklich wütend und sinnst auf Rache. Eine ganze Kaskade von Gefühlen ist möglich, die aber alle gemeinsam nicht wirklich wohltuend sind.

Wie lange willst du in diesen Gefühlen verweilen? Wie wäre es, wenn du dich für ein wirksames Ho'oponopono entscheiden würdest? Mit dem einzigen Ziel, dich bald wieder richtig wohl in deiner Haut zu fühlen?

Richte deine Gedanken dabei nicht auf die jeweilige Person, die der Auslöser für deinen Ärger war. Diese Person ist vielleicht gerade einem eigenen, uralten Replay gefolgt, mit dem sie sich natürlich auch nicht wohlfühlt. Wenn ein Ego mit einem anderen aneinandergerät, ist es wie bei den Platzhirschen: Es gewinnt der, der gerade über mehr Energie verfügt. Aber es fordert immer einen hohen Energieeinsatz, es ist immer Kampf, bei dem stets Wertschätzung und Respekt fehlen. Wohin das führt, wissen wir.

Heilung kann immer nur dann gelingen, wenn wir eine andere Wahl treffen – eine »höhere«. Also nehmen wir wahr, wie unser Ego tobt und schreit, sich aufregt und dem anderen am liebsten an den Kragen möchte. Aber wir lassen uns einfach nicht auf dieses Drama ein. Wir kennen dieses Theater bereits ausgiebig und wollen nun neue Ergebnisse.

Wir atmen mehrmals tief ein und aus und treffen dabei immer wieder eine Entscheidung: Ich gehe jetzt nicht darauf ein. Ich verbinde mich mit meinem großen Ich und nutze die nächsten Atemzüge, um mich bei ihm fest einzuklinken. Auch wenn mein Ego weiterhin tobt, treffe ich diese Entscheidung, mich mit meinem großen Ich zu verbinden, um Verständnis, Mitgefühl und Frieden einkehren zu lassen. Ich entscheide mich dafür, weil es mir guttut und nicht, weil ich ein Gutmensch bin. Ich tue es nur für mich. Denn ich will mich in meinem Leben wohlfühlen. Deshalb gebe ich niemandem mehr die Erlaubnis, mich von diesem Grundsatz abzubringen.

Konzentriere dich darauf, dass du die Verantwortung für all deine Gedanken und Gefühle jetzt übernimmst. Richte deine Aufmerksamkeit auf dein großes Ich, und beginne:

»Ich nehme meine dissonanten Gefühle wahr.
Sie schmerzen mich und andere.
Das will ich nicht wirklich.
Ich liebe mich.
Gegenseitige Wertschätzung verbindet uns alle.
Danke.«

Wiederhole diese Sätze immer und immer wieder, bis die Gefühle ruhiger werden und du wahrnimmst, wie sich die inneren Wogen glätten. Gönne dir zu Beginn etwas mehr Zeit, damit du dich auch wirklich innerlich stabilisieren kannst.

Sollten die alten Gefühle wieder aufflammen, wiederhole deine Entscheidung so lange, bis du wirklich Frieden im Herzen spürst. Je mehr Liebe du zulässt, desto mehr Ganzheit und Heilsein erfährst du, und umso freier wirst du von den anderen.

Ho'oponopono für alle, die gerade leiden

*I*n den Traditionen der alten Völker lebt ein Menschheitswissen, das die Kraft der Gemeinsamkeit kennt, sie so oft wie nur irgend möglich zum Wohle aller einsetzt und nutzt. Viele große Ich erschaffen gemeinsam ein unendlich kraftvolles Feld, das Menschen sowohl für ihr individuelles als auch ihr gemeinsames Wohlbefinden einsetzen können. Ein Feld, in dem alle ihren Platz finden und niemand ausgegrenzt wird. Ein Feld aus Mitgefühl, Achtsamkeit, gegenseitiger Wertschätzung und Fürsorglichkeit. Deshalb wird in diesen Traditionen all das gefördert, was der Erweiterung des Bewusstseins dient. Alle Menschen ersehnen im tiefsten Kern dasselbe, nämlich Liebe und Anerkennung. Folglich fühlt sich auch ein jeder für das Wohl des anderen mitverantwortlich – nicht im Sinne von Besserwisserei, sondern im Sinne von sanfter Erinnerung, Anregung und leichtem Anstupsen. Auch im Sinne von Unterstützung, Trost und Zusammengehörigkeit.

Das Ho'oponopono ist ein zeitloses Meisterwerk, das besagt:
Alles, was uns bekannt wird und nicht von Harmonie getragen ist, appelliert an unsere Verantwortung. Gleichgültig, ob wir von einer Natur-

katastrophe, einem Krieg, einem Überfall, einem Verlust, einem Unfall oder anderen unschönen Vorkommnissen erfahren. Wir fügen gedanklich immer Harmonie, Anerkennung, Wertschätzung, Achtung, Respekt und Liebe hinzu, weil offensichtlich genau das zu fehlen scheint. Wir fügen all das hinzu, um jetzt sofort auf der geistigen Ebene die Vollkommenheit wiederherzustellen. Wir fügen diese Gefühle hinzu, um unser großes Ich immer stärker in unser Leben mit einzubeziehen, um deutlich mehr Wohlbehagen zu erschaffen und das große Ganze, das ewig Schöpferische mitwirken zu lassen. Jede innere (gefühlte) Veränderung betrifft immer das Ganze. Auch das ist ein Gesetz.

Wir handeln zunehmend in dem Bewusstsein, unsere eigene Göttlichkeit zu aktivieren und zu stärken. Wir handeln so, weil wir inzwischen verstehen, was bereits in der Bibel beschrieben ist: Dass eine uns übergeordnete Kraft durch uns wirkt und unendlich viel mehr bewirken kann, als wir uns träumen lassen.

Zudem beweisen Forschungsergebnisse der modernen Wissenschaft diese uralten Thesen. Jene besagen, dass in einem holografischen Universum, in dem jeder Teil (DNS) die ganze Welt in kleinerem Maßstab widerspiegelt, alles bereits überall ist. Alles, was wir zum Leben und Wachsen brauchen, ist immer da – überall und zu jeder Zeit. Wenn wir diese Macht, die in jedem von uns ist, begreifen, dann wird klar, dass nichts verborgen ist. Jeder Wunsch nach Veränderung, den wir uns für uns selbst und für unsere Welt hegen, muss jedoch nicht an den Ort des Geschehens geschickt werden. Denn sobald wir es fühlen, ist es bereits überall. Wir beginnen gerade erst zu begreifen, dass wir, angefangen von unserer DNS über die atomare Struktur unserer Welt bis zur Wirkungsweise unseres Bewusstseins, Hologramme einer größeren Existenz sind. In der Quantenwelt ist es möglich, dass Riesen von scheinbaren Zwergen besiegt werden.*

Unsere Gedanken und Gefühle laufen dann zu schöpferischer Hochform auf, wenn wir auch wirklich glauben, dass es so ist. Unser bewusster, von Willen und Entscheidung gestärkter Glaube macht den entscheidenden Unterschied.

Nehmen wir das Erdbeben auf Haiti oder das Bohrloch im Golf von Mexico, die Überflutungen in China oder Pakistan, den Tsunami und die radioaktive Katastrophe in Japan: So viel Not, Schmerz und Leid. Fühlen wir uns ein, gehen wir mit unserem Bewusstsein dorthin. Dann ist

---

* Siehe auch: Gregg Braden: *Im Einklang mit der göttlichen Matrix. Wie wir mit Allem verbunden sind.* Koha Verlag 2007

klar, was am meisten gebraucht wird: energetischer Aufbau, Zuversicht, echtes Zusammengehörigkeits- und Mitgefühl, vor allem das Miteinbeziehen der gigantischen Kräfte, die wir gezielt über das große Ich in Bewegung setzen können. Wir können in der Tat Berge versetzen, wenn wir wieder selbst daran glauben.

Wir bitten nicht Gott, den Unaussprechlichen oder Allah um Hilfe, sondern nehmen die Verantwortung zu uns zurück, bewirken selbst etwas – über unsere Hotline zum großen Ich, über unser Bewusstsein. Denn wir sind mitverantwortlich. Und vor allem sind wir diejenigen, die handeln.

Zusätzlich können wir natürlich auch Geld spenden. Aber vielleicht nicht nur Geld, denn es verändert nicht die geistigen Ebenen.

Wir sind weder klein noch hilflos oder unfähig. Wir sind es nicht und waren es nie. Fügen wir jetzt bewusst die Kräfte hinzu, die jenseits unseres Vorstellungsvermögens immer wirksam sind, und vertrauen wir beharrlich auf sie, dann öffnen sich Wege und Möglichkeiten, dir wir auf rationalem Weg nicht erreichen können.

Wann immer du also von Katastrophen hörst, liest oder sie anderweitig wahrnimmst, schenke den Betroffenen immer wieder ein paar Minuten deiner Zeit und sprich zu all den Menschen, die gerade diese Katastrophe erleben:

»Ich fühle mit dir.
Du bist Teil meiner Liebe.
Sie umhüllt dich.
Sie wärmt dich.
Sie tröstet dich.
Sie bewirkt, dass du bekommst, was du brauchst.«

Wiederhole diese Sätze konzentriert immer wieder, und sei dir bewusst, je intensiver du sie fühlst, desto deutlicher ist diese Kraft bereits vor Ort, um dort zu wirken. Was immer du erfährst, nimm dir einen Moment Zeit, und lenke dein Bewusstsein an den Platz, an dem gerade Mangel herrscht. Füge die grenzenlose Kraft kosmischen Seins hinzu, und sei dir ganz sicher, dass dein großes Ich und der Unaussprechliche gemeinsam auf ihre Weise bewirken, was du gerade entschieden hast. Deshalb bist du auch ein Mensch: Du bist als Mensch in der Materie, um die Materie und ihre Grenzen zu überwinden. Du kannst durchaus und sehr effektiv daran mitwirken, dich selbst und alle Wesen mit der Kraft zu verknüpfen, die größer ist als wir alle zusammen, und ihre gigantische schöpferische Wirkung freizusetzen.

Alles, was auf der Welt geschieht, wurde von Menschen (geistig) bewirkt. Entscheiden wir uns für Heilung im Sinne von Frieden und Wohlbehagen für alle, dann ist es auch an uns Menschen, die unermesslichen geistigen Kräfte in Gang zu setzen, die über das große Ich immer verfügbar und erreichbar sind. Die Verantwortung liegt bei jedem Einzelnen von uns, denn jenseits der Persönlichkeit ist alles mit allem verbunden – so betrachtet, entscheiden wir immer gemeinsam. Unsere Entscheidungen in diesem Moment bestimmen unsere Zukunft.

Ho'oponopono für glückliche Beziehungen

*D*ie aufbauende Kraft des Ho'oponopono auf der Beziehungsebene durfte ich einmal direkt erleben:

Der Meister hatte mich in sein Haus eingeladen. Während er mir gerade viele interessante Einzelheiten über das Wesen der Pflanzen erklärte, rief seine Frau ihm zu, dass sie das Auto zum Einkaufen nehme. Es war das einzige Auto, das die Familie besaß. Er nickte, als sie meinte, sie sei in zwei Stunden wieder zurück. Mein Unterricht ging weiter.

Das neue Wissen fesselte mich, ich vergaß die Zeit und bemerkte erst viel später, dass inzwischen vier Stunden verstrichen waren. Ehefrau samt Auto waren noch nicht zurück. Da ich aber wusste, dass er ursprünglich mit mir in den Regenwald fahren wollte, um mir weitere Einzelheiten zu zeigen, wollte ich herausfinden, ob er sich vielleicht doch ärgerte, weil seine Frau so lange ausblieb. Bei uns zu Hause hätte eine solche Situation zu einem ziemlichen Donnerwetter geführt, daher war ich sehr neugierig, was geschehen würde.

Endlich erschien sie. Nach fast fünf Stunden. Sie lud ihre Tüten aus, lachte und winkte fröhlich. Ich konnte beim besten Willen nicht den Hauch eines schlechten Gewissens erkennen. So schaute ich mit prüfendem Blick von einem zum anderen und staunte: Es wurden keinerlei Vorwürfe laut. Aber die Luft schien mir dennoch nicht »rein« zu sein.

Erst am Abend, als alle für das tägliche Ritual des Ho'oponopono wieder zusammensaßen, ergriff der Meister das Wort und meinte zu seiner Frau: »Ich habe mich heute über dich geärgert. Bitte verzeih!«
Sie, lächelnd, mit offenem Blick, entgegnete: »Ich verzeihe dir.«
Damit war das Thema aus der Welt, die Luft wieder »rein« – sogar für mich deutlich spürbar. Die Liebe zwischen den beiden war spürbar, und die Blicke, die hin- und herflogen, ließen auch mich einfach nur fröhlich sein.

Der Ärger, den der Meister empfunden hatte, ist menschlich. Wir haben alle mal eine schwache Minute, daran ist nichts Ungewöhnliches. Aber es war wichtig, dass er den Ärger bemerkt und die Verantwortung dafür zu sich selbst genommen hatte, weil er mit seinem Ärger seine Frau ebenfalls erreicht und energetisch verletzt hatte. Sie hatte mit Sicherheit gespürt, dass sein Ärger ihr System erreicht und gestört hatte. Ärger ist eben immer Gift.

Die Worte des Meisters dazu lauteten so: »Einen anderen Menschen mit dem eigenen Ärger zu bewerfen, ist mangelnde Wertschätzung, fehlende Achtung – mir selbst wie dem anderen gegenüber. Es kostet uns beide Energie, und beide fühlen wir uns unwohl. Warum also sollte ich es nicht sofort heilen?«

Auch sie hielt ihrerseits nicht am Ärger fest. Sie erlaubte seiner Liebe, sie zu erreichen, und sandte ihre Liebe zurück. Der Kreislauf war wieder heil. Nichts trennte sie mehr. Die Wertschätzung und die Liebe flossen wieder, weil beide die Lösung über ihr jeweiliges großes Ich gefunden hatten.

Das bei uns oft übliche Ausdiskutieren dagegen, aktiviert diesen Fluss nicht wieder, weil wir bewusst oder unbewusst wollen, dass wir selbst recht behalten.

In Wahrheit geht es immer um das Gegenteil: um die volle Verantwortung für all deine Gefühle. Denn du kannst es drehen, wie du willst, es sind und bleiben deine Gefühle. Du allein kannst sie verändern. Nutze die Möglichkeit, mache dich selbst glücklich! Jeden Moment ein bisschen mehr. Du musst mir kein Wort glauben, solltest aber auch nichts verwerfen. Probiere es aus, dann wirst du es wissen.

Natürlich kannst du diese Übung auch anwenden, wenn dein nächster Verwandter dich verletzt hat oder du ihn. Gerade unsere Lieben kennen unsere wunden Punkte und verstehen es gut, unsere Knöpfe zu drücken. Die Wahrheit bleibt immer die gleiche: Es ist immer mein Knopf, meine Verletztheit, die über die Liebe sofort geheilt werden kann.

Dabei ist es nicht unbedingt erforderlich, dass der oder die Betreffende körperlich anwesend ist. Wenn du dir den anderen geistig vorstellst und intensiv zu ihm sprichst, erfährst du die gleiche Wirkung.

Das Ho'oponopono ist eine geniale Möglichkeit, das eigene Herz frei zu lieben.

Nutze die Möglichkeit,
mache dich selbst glücklich!

Kapitel 5

Jede Zukunft schlummert nur so lange,
bis sie durch Entscheidungen
in der Gegenwart geweckt wird.

Unsere Welt ist formbar

*A*lle Zellen unseres Körpers, auch unsere DNS, erneuern sich regelmäßig – die eine Zellart schneller, die andere etwas langsamer. Der Rhythmus der jeweiligen Erneuerung passt sich dabei der Belastung an, der die Zellen jeweils ausgesetzt sind. Es scheint aktuell so zu sein, als ob sich alle Zellen innerhalb von zweieinhalb Jahren erneuern. Noch vor 20 Jahren hielt man für den Prozess sechs Jahre für notwendig.

Wenn man sich nun vor Augen führt, dass ein menschlicher Körper aus etwa fünfzig bis einhundert Billionen Zellen besteht, dann ist das eine gigantische logistische Leistung, die da vollbracht wird; und du musst auch nicht nur ein einziges Mal bewusst ein Kommando geben. Die jeweiligen Spezialisten unter den Zellen für den Sauerstofftransport, die Kalkeinlagerung, für Entgiftung oder die Abwehr arbeiten gezielt, präzise, ausdauernd und folgen dabei offensichtlich einem übergeordneten, gemeinsamen Plan. Nur durch dieses harmonische, gemeinsame Wirken aller Zellen können wir uns unserer Gesundheit erfreuen. Das alles geschieht einfach so. Wir halten es für selbstverständlich. Ist es das?

Warum erneuern sich unsere Zellen? Und wer steuert dieses Schwingen im Einklang, das gleichzeitige harmonische Wirken von Billionen von Zellen, das uns unsere Gesundheit in jedem Moment eigentlich erst ermöglicht? Wer oder was gibt ein Leben lang die Impulse? Wer oder was steuert das?

Könnte es sein, dass es einen übergeordneten Plan gibt, ein übergeordnetes Bewusstsein, das uns Menschen in bestimmten Rhythmen dazu einlädt, ein neuer Mensch zu sein? Könnte es sein, dass diese Zellerneuerung auch dem Ziel dient, während unseres Lebens an Erkenntnis und Einsicht zu gewinnen, das eigene Bewusstsein immer weiter auszudehnen, Zusammenhänge zu verstehen? Vielleicht geht es darum zu erkennen, warum wir dieses Leben wirklich leben, welcher Sinn darin verborgen liegt, woher wir kommen und wozu wir gehören? Wer sind wir jenseits unserer Persönlichkeit?

Könnte es sein, dass unsere Zellen uns auffordern möchten, immer wieder gezielte Entscheidungen im Sinne von Wachstum und Ausdehnung zu wagen, und zwar nicht nur auf den eher kühlen, technisch-intellektuellen Gebieten sondern ebenfalls auf den herzenswarmen, geistig-sozialen Ebenen? Könnte es sein, dass uns immer wieder diese Hinweise gegeben werden, damit wir erkennen, wie wir uns selbst und damit auch diese Welt auf einfachste Weise bereichern können? Könnte es sein, dass wir wieder Herz zeigen, uns als beherzter Mensch erfahren wollen?

Aber die unermüdliche Arbeit der Zellen, ihre ständige Erneuerung, wird uns so lange nicht allein zum neuen Menschen hin verändern können, solange uns nicht klar ist, dass wir gleichzeitig unsere Überzeugungen und Prägungen erneuern müssen. Nur dann können wir uns wirklich von Grund auf erneuert fühlen. Denn unsere neuen Zellen verinnerlichen und verstärken auch unsere neuen Entscheidungen. Wir finden den Rückhalt wieder in uns selbst. Denken und fühlen wir weiter wie zuvor, übernehmen die neuen Zellen die alten Muster. Alles wird beim Alten bleiben.

Neueste wissenschaftliche Ergebnisse belegen, dass in unseren Zellkernen sage und schreibe 97 Prozent inaktive Ressourcen auf ihre Aktivierung warten. Unser Erbgut, das uns jederzeit mit neuen, den gegenwärtigen Anforderungen entsprechenden Eigenschaften ausstatten könnte, wartet auf neue Impulse. So wir denn wollten.

Auch unser Gehirn wäre in der Lage, eine viel komplexere Aktivität zu entfalten. Wir müssten nur die entsprechenden neuronalen Verbindungen durch unser verändertes Denken und Fühlen entsprechend stimulieren.

Hirnforscher wissen inzwischen, dass wir mindestens ein Drittel mehr Metakompetenzen zur Verfügung haben, als wir sie während eines ganzen Lebens abrufen.

Unser Körper ist keine erstarrte Skulptur. Wir alle sind keinesfalls in Raum und Zeit erstarrt, in keiner Weise festgelegt und schon gar nicht dem Schicksal oder bestimmten Situationen ausgeliefert. Wir sind eher einem riesigen Strom vergleichbar, der aus reiner Energie und Information besteht, wir können ihn Bewusstsein nennen. Wir sind intelligente Impulse, wir sind Gedanken, die beschlossen haben, einen physischen Körper zu bilden. Denn Gedanken sind eine Art Photonenstrom, reiner und immer schöpferischer Geist.

Aufgrund von Ergebnissen wissenschaftlicher Untersuchungen gilt es als sehr wahrscheinlich, dass wir als Menschen, so kompakt wir auch physisch erscheinen mögen, reines Bewusstsein sind, das Raum, Zeit, Materie und vor allem die Qualität all dessen generiert. Unser Bewusstsein ist unser zentrales, energetisches Steuerungssystem, und es ist immer mit allem verbunden, was ist – ein subatomares »Telefonnetz«.
Bewusstsein ist nicht auf unser Gehirn begrenzt, es ist ein überall und jederzeit existierendes Informationsfeld, das bis in jede einzelne Zelle hineinwirkt. Aber was hilft es uns, wenn sich die Zellen billionenfach erneuern, aber unsere Gedanken und Gefühle, unsere Vorstellungen und die gesamte Konditionierung einfach nicht

mitziehen können, weil wir es immer noch nicht bewusst entscheiden?

Warum fehlt uns der Mut, der Antrieb, die Motivation neu zu entscheiden? Weil das Ego alle Veränderungen hasst? Weil wir vielleicht zu bequem sind und lieber in viel zu kleinen, aber dafür bekannten Räumen verharren? Weil wir gewohnt sind zu leiden? Weil wir glauben, unser menschliches Handeln würde keinen Unterschied bedeuten?

Solange wir in Grenzen denken, werden sie auch da sein. Das Alte wird das Neue wieder durchdringen, und alles wird beim Alten bleiben. Ebenso perfekt geschieht aber auch das Gegenteil, sofern wir uns dazu entschließen.

Wenn wir uns nach Herzenslust innerlich ausdehnen, ganz tief durchatmen und uns in unserem Leben endlich rundum wohlfühlen wollen, dann müssen wir uns zunächst nach innen wenden und unsere Absicht klären. Sobald wir die Ebene des großen Ich mit einbeziehen, Wertschätzung, Respekt und Achtung für uns selbst und für alles empfinden, was wir jemals in unserem Leben getan (und nicht getan) haben, dann stellen wir die Weichen neu. Dabei ist es nicht wichtig, ob wir immer erfolgreich waren (wer entscheidet das eigentlich?). Was zählt ist, dass wir es versucht haben. Der Versuch ist es wert, anerkannt und gelobt zu werden. Tun wir das nicht, schmälern wir unsere Motivation, weiterhin neue Ziele zu erreichen.

Unsere Absicht ist immer der führende, tonangebende Impuls. Wir haben uns bemüht. Wir haben unser Bestes gegeben. Wir haben alles an Kraft investiert. Jetzt, genau an diesem Punkt ist es von größter Wichtigkeit, dass wir uns selbst für unseren enormen Einsatz danken, denn nur wir selbst können wirklich ermessen, wie intensiv unsere Bemühungen waren.

Wir loben uns für unseren Mut und unsere Beharrlichkeit, für unseren Einsatz an Kraft, Intelligenz, Vertrauen und Vorfreude. Wir klopfen uns selbst auf die Schulter – nicht dem Ego, wohl aber dem beherzten Menschen. Und wir schenken diesem Teil vielleicht auch einmal ein ehrlich gemeintes Ho'oponopono. Wir fühlen uns weder enttäuscht noch entmutigt, denn es gibt keine Niederlagen, keine Fehler, keine Dummheiten. Es gibt nur Erkenntnisse. Wir ersparen uns Selbstvorwürfe und Selbstkritik, die ihrem Wesen nach die Geißel der Menschheit darstellen, denn sie bringen uns niemals Neues.

In enger Verbindung mit dem großen Ich erlauben wir uns unsere eigene, erweiterte Art der Wahrnehmung, denken und sprechen es aus:

»Das alles bin ich! Ich habe es selbst erschaffen. Ich sehe, dass ich ein Schöpfer bin. Ich respektiere und wertschätze alle meine Schöpfungen, denn sie kommen alle aus mir – ohne jede Ausnahme. Gemeinsam mit meinem großen Ich stehen mir alle Möglichkeiten jederzeit offen, und ich vertraue zutiefst auf diese Wahrheit.

Ich fühle Wertschätzung, Achtung, Respekt und Liebe in meinem Inneren. Ich entscheide, ab sofort Frieden ein- und Liebe auszuatmen. So drücke ich meine Wertschätzung für mich als ganzen, schöpferischen Menschen aus. Ich werde das so lange tun, bis ich mich wieder voll und ganz in mir und meinem Leben zu Hause fühle. Ich liebe mein Leben, und mein Leben liebt mich.«

Aus dieser inneren Haltung heraus erschaffst du bereits Neues. Denn du bist immer und unausweichlich nichts anderes als eben diese »Quantengötterspeise«, die du, wie jeder andere Mensch, im Akt deiner Wahrnehmung zu deiner Realität erstarren lässt.

In der Quantenphysik ist man zu dem Ergebnis gekommen, dass wir zwar durchaus über ein selbsterkennendes Nervensystem verfügen, aber durch unsere Prägungen, unser ständiges Replay, uns in der vollen Wahrnehmung unseres Seins immer wieder selbst behindern. Wir wollen zwar vorwärtskommen, legen uns aber mit schöner Regelmäßigkeit selbst die größten Steine in den Weg. Wir machen die Tür zu. Das neue Glück kann gar nicht hereinkommen, weil wir uns nicht darauf ausrichten.

Fühlen wir doch stattdessen unseren Wunsch, unsere Entscheidung! Denn es geht immer nur um eines: uns noch besser zu fühlen, leichter, befreiter, fröhlicher, glücklicher zu sein. Also noch intensiver mit der Energie des großen Ganzen verbunden zu sein. Das ist die Kraft, die immer und überall um uns herum wie auch in uns selbst fließt. Rückblickend ist es sehr leicht, zu verstehen und die gewonnenen Erkenntnisse ins vorwärts gerichtete Denken mit einzubeziehen.

Die alte Volksweisheit sagt es bereits: »Hilf dir selbst, dann hilft dir Gott!« Genau so ist es. Es liegt immer bei uns selbst, neue Resonanzen zu erschaffen, einverstanden zu sein mit neuen Möglichkeiten und deren Erfüllung im Gefühl von ganzem Herzen zuzustimmen.

Sobald wir ein Leben wählen, in dem Liebe, Respekt und Wertschätzung die führende Rolle spielen, erzeugt unser Gehirn Botenstoffe, die unseren Zellen sofort befehlen, sich aufzubauen und prall gesund zu sein. Leben wir überwiegend angstgesteuert und lassen gedanklich immer wieder viele Zweifel, Sorgen und Befürchtungen zu, dann erzeugt das Gehirn ebenfalls

Botenstoffe, die jedoch den Zellen signalisieren, sich selbst zu zerstören.

Viele wissenschaftliche Versuche bestätigen uns, dass wir tatsächlich immer die Verursacher, unausweichlich Schöpfer sind. Wir können jetzt fest daran glauben, uns darauf freuen und dafür dankbar sein. Wir selbst sind doch bereits die Manifestation der kosmischen Urkraft. Sie wirkt pausenlos in und für uns, erneuert sogar unsere Zellen, schenkt uns den Atem, bringt Frieden in unser Herz und neue Wirklichkeiten in unser Leben.

Mahalo – möge der Geist des Unaussprechlichen immer in uns und durch uns für alles, was ist, wirken.

Herausforderungen lassen uns wachsen

Es gab einmal eine Zeit, in der Gott immer wieder einmal über die Erde wandelte, um nach dem Rechten zu sehen. Eines schönen Tages kam er ins Gespräch mit einem Farmer. Als dieser den lieben Gott erkannte, hatte er eine Idee:
»Also, wenn du Gott bist und diese Welt geschaffen hast, dann hast du etwas Wichtiges vergessen. Du bist ja schließlich auch kein Farmer und kennst die besten Bedingungen für das Wachstum der Pflanzen wohl nicht so genau. Ich glaube, ich kann dir noch etwas zeigen.«
»Und was schlägst du vor?«
»Schenke mir ein Jahr, und überlasse in diesem Jahr alle Entscheidungen mir. Du wirst dich wundern, denn Hunger und Armut wird es nach dieser Zeit nicht mehr geben.«

Der Farmer bekam das Jahr. Natürlich wollte er immer das Beste. Das hieß für ihn: keine Gewitter, keine Stürme, keinerlei Gefahren für das Getreide, das immer höher wuchs. Alles war sanft und lieblich in diesem Jahr, und der Farmer war sehr zufrieden mit sich.
Wenn er Sonnenschein wünschte, dann schien die Sonne, und wenn er wieder einmal Regen brauchte, dann regnete es genau so viel, wie er

meinte, dass es gut sei. In diesem Jahr klappte einfach alles. Zumindest meinte er das.

Das Getreide stand hoch und als er Gott wieder einmal traf, meinte er stolz: »Schau hin! In diesem Jahr wächst das Korn wie noch nie. Das wird eine Ernte werden! Da wirst du staunen. Die Menschen müssen nicht mehr hungern. Sie brauchen nicht einmal mehr so viel zu arbeiten wie zuvor und werden dennoch genug zu essen haben.«

Als das Getreide dann geerntet wurde, fanden sich fast keine Körner, und die wenigen, die es gab, waren weich und kaum zu gebrauchen. Der Farmer war äußerst überrascht und fragte Gott: »Was ist los? Warum geschieht das? Das ist doch gar nicht möglich!«

»Ich sag dir warum: Es gab keine Herausforderungen, keine Anregungen, den Naturgewalten zu trotzen, es gab all das nicht, was wirklich stark macht. Du hast versucht, das scheinbar Schlechte zu vermeiden. Aber das Korn kann auf diese Weise nicht das Beste hervorbringen. Kleine Anstrengungen sind wichtig, sie sind sogar erforderlich, denn sie animieren zu stetigem Wachstum.«

Unterwegs im Quantenfeld

*D*as Ho'oponopono schenkt uns immer wieder den kraftvollen Impuls, die Grenzen unserer Wahrnehmung stetig auszudehnen und weitere neue Möglichkeiten zuzulassen. So muss sich die Wirklichkeit in unserem Leben ändern, weil wir ja selbst über unsere Absicht die Quanten neu ausrichten. Über das Ho'oponopono lösen wir »die Eintrittskarte ins Quantenbewusstsein«, um unsere Realität den tatsächlichen Bedürfnissen der eigenen Seele anzupassen. So ist ein tägliches Ho'oponopono der Türöffner in das Reich aller Lösungen, weil es uns zuverlässig und direkt mit dem universellen Geist des großen Ganzen verbindet, der alle Antworten bereithält.

Mit jedem Ho'oponopono wächst unsere Fähigkeit, erweiterte Denkweisen zu integrieren, denn wir genießen wieder das sichere Gefühl, innerlich eingebunden, fest verankert zu sein. Das bedeutet: immer weniger Ängste, immer weniger Probleme, immer mehr Freude am eigenen Sein.

Ein Ho'oponopono ist die leichteste, schnellste und fröhlichste Art, vom altbekannten, anstrengenden Tun und all seinen Begrenzungen ins natürliche, grenzenlose Sein zu wechseln. So können wir uns selbst und unser Leben einfach nur

genießen. Wenn wir unbekümmert (das bedeutet ohne Kummer) sind, werden sich die Quanten genau so ausrichten und diese Qualität wird verstärkt unser Leben bestimmen. Das Schönste am Ho'oponopono ist: Wir können es jederzeit selbst tun und uns damit immer wieder bestätigen, dass wir grandiose Schöpfer sind.

Alle Gedankensysteme erzeugen ihr eigenes Feld, wobei jedes Feld einen speziellen Einflussbereich darstellt. Das gilt selbstverständlich auch für das weltweit praktizierte Ho'oponopono. Höchstwahrscheinlich gibt es die Methode des Ho'oponopono seit mehr als tausend Jahren. Je länger es die Methode gibt und je mehr Menschen sie jetzt anwenden, desto intensiver wird sie wirken können. Denn über die Zeit baut sich ein besonderes Feld auf, das alle umfängt, die die gleiche Absicht haben, und ihnen die Erkenntnisse eröffnet, die die alten Meister auch bereits gewonnen haben. Das wiederum bedeutet, dass sich allen Menschen, die sich für die Erweiterung oder Optimierung des eigenen Lebens entscheiden, leicht und spielerisch neue Wirklichkeiten eröffnen. Sie fühlen sich befreit und erfrischt, weil sie die alten linearen Denkgewohnheiten weit hinter sich gelassen haben.

Wir alle haben ein unbegrenztes Potenzial mit auf diese Erde gebracht. Über das Ho'oponopono können wir beginnen, es mehr und mehr freizusetzen – zu unserem Wohle und zum Wohle aller.

»Fantasie ist wichtiger als Wissen, denn Wissen ist begrenzt.«

Albert Einstein

Wenn du möchtest, nutze die nächsten Seiten für deine ersten Notizen, denn deine Absichten, Gedanken und Gefühle sind gerade in der ersten Zeit dein wichtigstes Navigationssystem, das dich exakt dahin führt, wohin du wirklich willst. Der Kopf vergisst gerne, deshalb schreibe es lieber gleich hier auf!

Mahalo – möge der Geist des Großen Ganzen immer und vollkommen in dir und durch dich wirken!

Meine neuen Gedanken

Meine neuen Gefühle

Meine ersten Ergebnisse

Bildnachweis

Blumenmotiv: Fotolia_6219824 © archana bhartia

Ebenso erschienen im  Stb

216 Seiten
ISBN 978-3-8434-4499-6

Suzan H. Wiegel
Die Botschaft der Kahunas
Mit dem uralten Wissen aus Hawaii ein glückliches Leben führen

Die Kahunas – Weise und Heiler aus Hawaii – hüten von jeher ein tiefes Wissen um das, was Mensch und Kosmos miteinander verbindet. Der Kahuna sagt: »Ich kümmere mich nicht um deine Probleme und Krankheiten. Ich kümmere mich um dich. Wenn du erst einmal erkennst, wer du bist, verschwinden alle Sorgen, Zweifel und Nöte.« Sobald wir dem Pfad der Kahunas folgen, bekommt das Leben eine neue Dimension. Die Angst nimmt ab, die Tatkraft zu. Wir sind heiter und gelassen – und verblüfft, wie einfach doch alles ist! Dieses Buch verrät, wie wir die uralte Lebenskunst aus Hawaii ganz praktisch leben können und wie die innere Haltung von Achtsamkeit und Liebe alles verändert.

240 Seiten
ISBN 978-3-89767-572-8

Suzan H. Wiegel
Die Heilkraft der Kahuna-Medizin
Weisheit und Naturheilmittel aus dem Regenwald Hawaiis

»Niemals verletzen, immer helfen« lautet das Motto der Kahunas, den Ärzten und Priestern der Ureinwohner Hawaiis. Der Leser erfährt die uralten Geheimnisse ihres Heilwissens, deren Basis uneingeschränkte Liebe ist. Dieses Buch ist ein wertvoller Begleiter, der uns die Methoden der Energiearbeit, mentale Techniken und spirituelle Übungen zur Erlangung einer harmonischen und frohen Lebensweise nahe legen will. Nahezu unbekannte pflanzliche Essenzen und leicht durchführbare Übungen ermöglichen den Einsatz dieser sagenhaften Medizin auch bei akuten Krankheiten.

Suzan H. Wiegel

Die Ohana-Lichtsprache

Wege zum Quantenbewusstsein

168 Seiten
ISBN 978-3-8434-4585-6

Suzan H. Wiegel
Die Ohana-Lichtsprache
Wege zum Quantenbewusstsein

Die umfassende Einführung in die Geheimnisse der Kahunas, in ihr Wissen und die Wiedergewinnung und Erhaltung von Wohlbefinden und Lebensmut, sowie ihre praktischen Anleitungen, die persönliche Lebensenergie zu steigern und zu stabilisieren, lassen dieses Buch zu einem wertvollen Begleiter eines jeden Menschen im ganz normalen Alltag werden. Das Angebot der Lichtsprache ist es, die Kraft unseres Geistes bewusst zu nutzen und sie gezielt für unser Wohlergehen in allen Bereichen einzusetzen. Besonders aber ist ihre Einfachheit – nicht zuletzt deshalb ist die Lichtsprache so wirkungsvoll.